中国劳動關係學院 | 学术论丛
CHINA UNIVERSITY OF LABOR RELATIONS

中国财政社会保障支出
及其分权研究

FISCAL EXPENDITURE ON
SOCIAL SECURITY
AND ITS DECENTRALIZATION IN CHINA

张 燕／著

社会科学文献出版社
SOCIAL SCIENCES ACADEMIC PRESS (CHINA)

前　言

　　党的十八届三中全会确立了建立更加公平可持续的社会保障改革目标，并在"十三五"社会保障建设规划中得到进一步确认。更可靠的社会保障、更加公平更可持续的社会保障，既要通过社会保障制度本身的建设来实现，也需要全社会共同努力，充分发挥政府、企业、个人的作用，其中更好、更有效、更长久地落实社会保障政府责任是重要的制度保障。政府介入社会保障的范围和深度一直是人类回答现代社会保障路在何方的重要课题。财政社会保障支出是社会保障政府责任的具体体现，财政责任在社会保障制度建设中的落实和体现不仅关系到社会保障制度的资金来源和财务可持续性，也在一定程度上决定了社会保障制度的取向和定位。财政社会保障支出及其分权是构建社会保障政府责任的两条边界：财政社会保障支出构建出社会保障领域政府与市场的边界，是政府责任的具体体现和量化；财政社会保障支出分权构建出社会保障领域中央政府与地方政府的边界，体现出社会保障领域不同层级政府之间"财与政"的边界。

　　本书以财政社会保障支出及其分权状况为研究对象，深入研究了在不同时期社会保障建设过程中财政所起的重要作用，并对当前的财政社会保障支出水平、项目结构及支出公平进行了重点分析，同时针对中国特色财政分权下的财政社会保障支出分权进行了评估，本书还着重就当前财政社会保障支出水平及分权存在的主要问题进行了分析研究。

纵观其他国家社会保障改革实践，政府财政推动在其中发挥了重要的作用和影响。我国的社会保障改革实践同样如此，在几次重要节点上财政制度改革为社会保障发展起到了重要的推动作用。在计划经济时期，由于社会保障主要是单位保障的形式，财政所提供的直接的社会保障更多是临时性的，其中救灾支出曾一度是最主要的项目。随着改革开放的开启，为了刺激地方政府积极性，放权让利，财力逐渐向地方政府集中。20 世纪 80 年代分灶吃饭制度下的"诸侯财政"决定了社会保障社会化改革初期的分散化、碎片化、形式多样化和统筹层次低下的特点，也造成了后来的社会保障改革一定的路径依赖。1994 年分权制改革提高了中央财政实力，为后续社会保障制度的统一及社会保障政府责任的回归奠定了经济基础。1998 年公共财政的确立，为社会保障的"全面覆盖、城乡统筹"改革方向提供了制度保障。2016 年财政体制改革的重启进一步规范了中央政府和地方政府社会保障事权划分，有助于社会保障制度的更可靠和更可持续。

1998 年之后，中国财政社会保障水平绝对指标增长迅猛，但相对指标水平上升缓慢，支出水平显著低于经合组织（OECD）国家。财政社会保障项支出结构不够合理，每个支出项目内部结构同样有待优化。在财政社会保障支出方面，虽然城乡公平和地区公平状况都得到一定程度的改善，但是财政社会保障支出地区差异较为严重，地区碎片化程度更甚于城乡碎片化。

影响我国财政社会保障支出水平科学评估和国际比较的重要原因是社会保障支出的财政供给侧的非完整性和非全面性。在我国，政府收入不等于财政收入，这一制度基础影响了财政社会保障支出的真实水平，也是对财政社会保障支出水平进行国际比较的重要阻碍。我国有很大一部分政府收入游离在公共财政收入之外，这使得公共财政支出只是政府支出的一部分。全口径政府支出水平下的财政社会保障支出真实水平会进一步下降。由于我国当前的宏观政府支出规模已经较大，因此不适宜通过扩大广义财政支出的方式来提高财政社会保障支出水平，而应该对财政社会保障支出进行供给侧结构性改革。改变当前财政社会保障支出仅来源于公共财政支出的现状，将广义政府收支纳入全口径预算，提高全口径预算下的政府支出用于社会保障的比重，从而真正提高财政社会保障支出水平。

财政社会保障支出分权构建出中央政府与地方政府社会保障边界。我国财政社会保障支出分权不论按照何种统计口径都呈现出地方分权奇高的状况，远高于同期财政分权水平。这种分权状况造成地方政府的社会保障支出责任过大，地方政府对于社会保障转移支付具有很高的依赖度，一定程度上影响了地方政府开展社会保障事务的积极性，也加剧了社会保障权益的"地方割据"。我国社会保障政府间事权划分不清是财政社会保障财政分权过高的原因。改革和规范政府间社会保障事权划分是当前社会保障相关制度建设中的重点环节。应在科学评估外部性、激励相容和信息处理复杂性的原则基础上，兼顾我国分权的特性，将政府间社会保障事权重新划分。将一部分社会保障事权尤其是外部性较强、信息复杂程度较低且有助于激励相容的事权适当上移，提高中央政府在相关社会保障项目中直接支出的责任，合理确立地方政府在财政社会保障支出的比重，并且通过重新构建地方政府新的主税种，稳定地方政府的财源，提高地方政府的公共产品供给能力，适当降低地方政府社会保障转移支付普遍较高的依赖度，从而有助于社会保障制度全覆盖和可持续的实现。

财政社会保障支付风险也是影响社会保障制度可持续性的重要因素。在当前状态下，财政社会保障支付风险受多重因素的影响。在宏观因素方面，经济新常态会影响财政收入的增长态势，而供给侧结构性改革会进一步加大财政社会保障支出的供求矛盾。在社会保障制度内部，财政社会保障支出风险程度不一。作为战略储备的全国社会保障基金由于制度架构上的缺失，对于财政社会保障支出风险防范有限。要从多角度来提高财政社会保障支出风险的预防能力。首先，坚守经济发展和社会保障建设共容的理念。其次，对财政社会保障支出进行供给侧改革，在财政支出总规模相对稳定的情况下保障财政社会保障支出合理增长。再次，要完善全国社会保障基金的战略规划，合理构建划转国有资本充实社会保障基金的整体规划和布局。最后，要完善社会保障精算和社会保障预算制度，使社会保障支付风险的防范有更加理性和精准的手段和工具。

Preface

The Third Plenary Session of the Eighteenth Central Committee established the goal of establishing a more equitable and sustainable social security reform and was further confirmed in the 13th Five-Year Social Security Construction Plan. More reliable, more fair and sustainable social security should be achieved both through the social security system construction and by the whole society to work together to give full play to the role of the government, company and person. To be better and more effective to realize implementation of social security at great length to secure government responsibility is an important system guarantee. The scope and depth of government involvement in social security has always been an important topic for human answering the way of modern social security. Fiscal expenditure on social security is the concrete manifestation of the responsibility of the social security. The implementation and reflection of fiscal responsibility in the construction of social security system not only are related to the financial resource and financial sustainability in social security, but also to a certain extent determine the social security system orientation and positioning. Fiscal expenditure on social security and its decentralization are the two borders of building social security government responsibility: fiscal expenditure on social security builds the central government in social security field and market boundaries, which is the specific embodiment and quantification of government responsibility; fiscal social security decentralization builds the boundaries between the central government and the local government and reflects the boundaries between "finance and government" in different governments in social security field.

In this book, we make the fiscal expenditure on social security and its decentralization status as the object of study, deeply research the important function of finance in the process of social security construction in different times, analyze the current level of fiscal expenditure on social security, project structure and expenditure equity, and assess the financial decentralization of fiscal expenditure on social security under China characteristics decentralization. This book also focuses on the main problems in the current fiscal expenditure on social security level and decentralization.

Throughout the practice of social security reform in other countries, the government finance has played an important role and influences in it. So it is with China's social security reform practice, which plays an important role promoting in several important nodes on the financial system reform for social security development. In the planned economy period, because the social security is mainly in the form of unit security, the direct social security which the finance provided is more temporary, and the disaster rescue expenditure was once the most important project. With the opening of reform, in order to stimulate the enthusiasm of local governments to delegate powers and benefits, financial resources were gradually concentrated to the local government. In the 1980s, the "princes' finance" under the decentralized system in the last century decided the characteristics of decentralization, fragmentation, pattern diversification and low level of overall in early social security reform, and also resulted in dependence on the later social security reform path. In 1994, the reform of the decentralization system raised the central financial strength, laying the economic foundation for the reunification of the follow-up social security system and the return of the social security government responsibility. The establishment of public finance in 1998 provided the system guarantee for the reform direction of "comprehensive coverage, urban and rural integration" of social security. The reopening of the financial system reform in 2016 further standardized the division of social security rights between the central government and local governments, which would help the social security system to be more reliable and more sustainable.

After 1998, the indicator of China's fiscal expenditure on social security level rapidly grew, but the relative level of indicators was growing slowly and the level of expenditure was significantly lower than the OECD countries. Fiscal expenditure on social security structure is not reasonable and every internal structure of each expenditure project also needs to be optimized. In the aspect of equity of fiscal expenditure on social security, urban and rural equity and regional equity have been improved to a certain extent, among which the regional differences in fiscal expenditure on social security are more serious, and the degree of regional fragmentation is even worse than that of urban and rural fragmentation.

The important reason for the scientific assessment and international comparison of fiscal expenditure on social security level in China lies in the noncompleteness and non-comprehensiveness of the financial supply side of social security expenditure. China's government revenue is not equal to fiscal revenue, the basis of this system has affected the real level of fiscal expenditure on social security, and has been an obstacle to the international comparison of fiscal spending on social security level. China has a large part of government revenue free of public revenue, which makes public expenditure is only part of the government expenditure. The real level of fiscal spending on social security under full-caliber government expenditure level will decrease further. As China's current macro-government spending has been large, it is not appropriate to expand the level of fiscal spending on social security by expanding the general financial expenditure, but apply the structural reform on fiscal expenditure on social security supply side, change the current facts that fiscal expenditure on social security is only from the status of public expenditure, conclude the general government revenue and expenditure into the full caliber budget, and improve the caliber of government expenditure proportion of social security to truly improve the level of fiscal spending on social security.

Public finance expenditure decentralization in social security builds the central government and local government social security boundary. China's financial and social security expenditure decentralization shows that the local decentralized situation is very high regardless of what kind of statistical caliber , which is much higher than the level of fiscal decentralization over the same period. This kind of decentralization situation caused the local government's social security expenditure to take too much responsibility, resulting in the local government to pay a high degree of dependence on social security transfer payment and affect the local government's enthusiasm to carry out social security issues to a certain extent , also increase the social security rights separatism locally. China's unclear division of financial and social security powers is the reason for the high financial decentralization. Reforming and standardizing the division of social security rights between the governments is the key point to current social security related system construction. The re-division of intergovernmental social security rights should be based on the principle of scientific evaluation on externalization, incentive compatibility and information processing complexity, and should also take the Chinese characteristics of decentralization into account. To help accomplish full coverage and sustainable implementation of the social security system, it's crucial to move up part of the social security rights especially those with strong externalizations, low degree of complexity of information and those beneficial to incentive compatibility, raise the central government's direct responsibility in the relevant social security projects, and rationalise the proportion of the local government's expenditure in the financially social security. Additionally, by rebuilding the local government's new main tax, the local government's financial resources will be stabilized. Then improve the local government's ability to supply public goods, and appropriately reduce the generally high degree of dependence from local government in transfer payment about social security.

The fiscal payment risk on social security is also an important factor affecting the sustainability of the social security system. In the current state, The fiscal payment risk on social security is affected by multiple factors. In the macroeconomic factors, the new normal of China's economy will affect the growth of fiscal revenue, while the the structural reform in the supply side will highlight the contradictions between the supply and the demand in fiscal expenditure on social security. Within the social security system, the risk degree of fiscal expenditure on social security is different. As a strategic reserve, National Social Security Fund has inadequate prevention on fiscal expenditure on social security, because of lacking the institutional framework.

As a result, it's significant for China to improve the prevention ability of the fiscal payment risk on social security from multiple angles. First of all, we have to adhere to the concept of economic development and social security construction. Next, reform the structure about the supply side in fiscal spending on social security, and maintain its reasonable growth followed when the total scale of fiscal expenditure is steady comparatively. Then, complete the strategic planning of National Social Security Fund, and allocate the state-owned capital to enrich the social security fund in a reasonable way. Finally, China also should improve the social security actuarial system and social security budget system, making the protection of the payment risk in social security more rational and accurate.

目 录
CONTENTS

图表目录

第一章 导论

第一节 问题的提出

一 研究背景

2012 年 11 月党的十八大闭幕后，在新一届中央政治局常委第一次中外记者见面会时，中共中央总书记习近平就指出"人民对美好生活的向往，就是我们的奋斗目标",[①] 总书记用了七个"更好"来描述美好生活的蓝图，其中就包括"更可靠的社会保障"。党的十八届三中全会通过的《中共中央关于全面深化改革若干重大问题的决定》中予以修正完善为"更加公平更可持续的社会保障"。

建立"更可靠的社会保障""更加公平更可持续的社会保障"，需要全社会共同努力，充分发挥政府、企业、个人的作用，形成强大合力，[②] 明确政府所承担的社会保障责任，更好发挥公共财政在民生保障中的作用。[③] 可见，社会保障制度的完善，不仅要通过社会保障制

---

① 习近平等十八届中共中央政治局常委同中外记者见面 [EB/OL]. 新华网，http://news. xinhuanet. com/18cpcnc/2012 – 11/15/c_113697411. htm.
② 楼继伟. 建立更加公平更可持续的社会保障制度 [N]. 人民日报，2015 – 12 – 17.
③ 尹蔚民. 建立更加公平可持续的社会保障制度 [N]. 人民日报，2013 – 12 – 20.

度本身的建设来实现，同样也需要更好、更有效、更长久地落实社会保障建设政府责任来给予保障。政府介入社会保障的范围和深度一直是人类回答现代社会保障路在何方的重要课题，尤其是希腊等国爆发欧洲主权债务危机之后，更引发了社会各界对该课题进行全方位的思考。纵观其他国家社会保障改革实践，政府财政责任在其中发挥了重要的作用。

党的十八届三中全会站在国家治理的高度赋予了财政全新的定位，财政不仅是政府的经济活动即政府收支活动的简单概括，而且是国家治理的基础和重要支柱。也就是说，财政不仅仅是一个经济范畴，更是一个关乎国家治理和整个经济社会事务，牵动经济、政治、文化、社会、生态文明和党的建设等所有生活领域的基本要素。[①] 政府收入和支出活动的安排以及相关财税制度的制定，要着眼于国家治理能力的提高和国家治理体系的完善。党的十八大以来，以习近平同志为核心的党中央提出了以人民为中心的发展思想，彰显了人民至上的价值取向，[②] 同时在所提出的"五个发展理念"中，将共享作为发展的出发点和落脚点。以人民为中心的发展思想及共享发展理念是我国社会保障参与国家治理的理论依据。[③] 完善社会再分配体制和社会福利制度，建立起与社会经济发展相适应的社会保障体系，是现代国家治理体系中不可或缺的一部分。[④] 而在当前，反思和研究财政作为国家治理的基础，在推动社会保障作为国家治理体系构成部分的建设过程

[①] 高培勇. 财税体制改革与国家治理现代化 ［M］. 北京：社会科学文献出版社，2014.

[②] 施成杰、侯永志. 深入认识以人民为中心的发展思想 ［N］. 人民日报，2017 - 6 - 22.

[③] 郑功成在中国社会保障学会 "社会保障制度与国家治理现代化" 理论务虚会上的报告，北京，2017 - 3 - 26.

[④] 徐湘林. "国家治理" 的理论内涵 ［EB/OL］. 人民网，2014 - 4 - 1. http://theory. people. com. cn/n/2014/0401/c40531 - 24796875. html.

中，做了哪些、财政投入上还有哪些不足、财政体制上还有哪些制约等问题就显得尤为重要。

政府社会保障财政责任落实不仅影响社会保障制度的财务可持续性，而且关乎社会保障制度的定位和取向。财政社会保障支出是最常被用来衡量政府社会保障财政责任深度的具体指标。因此，对我国财政社会保障支出进行研究，一方面对于准确衡量政府责任的承担深度有很好的价值，另一方面对于选择社会保障改革方向和道路也有着重要意义。

财政社会保障支出及其分权正是构建社会保障支出政府责任的两条边界：财政社会保障支出构建出社会保障领域政府与市场的边界，是政府责任的具体体现和量化；财政社会保障支出分权构建出社会保障领域中央政府与地方政府的边界，体现出社会保障领域不同层级政府之间"财与政"的边界。

1. 财政社会保障支出已经成为社会保障制度运行的重要助推器

在社会保障发展进程中，不论是在传统社会保障时期还是在社会保障社会化建设时期，财政与社会保障关系密不可分。尤其自20世纪90年代以来，中国财政改革和社会保障改革均取得卓越的成绩，成为有中国特色的社会主义市场经济建设中的重要部分。一方面，分税制的改革措施及公共财政的改革方向确立了与中国特色社会主义市场经济相匹配的公共财政制度框架；另一方面，社会保障制度由单位保障转变为真正的社会保障，为社会主义市场经济改革的顺利进行起到重要的保障作用。财政制度的发展及财政关系对于社会保障制度的推进作用清晰可见，社会保障制度的良好运行为财政收支及财政治理环境提供更好的社会基础。

中国财政制度经历了计划经济时期的统收统支财政体制、包干制财政体制到分税制，与此相对应的，社会保障财政责任也经历了从大包大揽到强调企业和个人责任再到重回主导责任的迂回过程。当前财政在社会救助、社会福利和优抚以及各项社会保险项目中承担着重要的资金支持的作用，成为它们顺利运转的重要基础和保障。财政社会保障支出成为社会保障制度建设重要的助推器。党的十八届三中全会再次明确，社会保障是重要的再分配政策，是平衡公平与效率的关键措施之一。社会保障财政支出是社会保障顺利发挥收入再分配职能的重要体现。正确和客观地分析评价社会保障财政责任以及财政社会保障支出水平有一定的研究价值和意义。

2. 社会保障财政责任需要不同层级的政府共同完成

中国是具有多层级政府的单一制国家。社会保障建设是国家治理中的重要一环，也是现代国家政府职能的重要体现，涉及各级政府的事权分配。社会保障制度实施和运行需要不同层级政府来承担，对中国不同层级政府在社会保障制度建设和运行中的角色及其财政支出状况有必要进行深入分析和探讨。

3. 当前宏观经济环境的变化带来社会保障财政支出研究的新课题

1998 年之后，财政责任重新回归和资金支持力度的大幅提高是政府职能改变的表现，是公共财政导向作用的结果，其客观经济基础为 1994 年实行分税制改革之后一般公共财政收入开始进入上升通道，并保持了近 20 年的高速增长。这段时期是公共财政与社会保障互为推动、共同发展的黄金年代。繁荣会掩盖一些问题，经济调整反倒为制度和机制调整创造了新的历史窗口。中国经济在 2012 年之后增速明显减缓，经济结构到了调整期，进入经济新常态，同时财政收入增速下降，2015 年一般性公共财政收入增长率为 8.4%，为 1988 年以来的最低值。在供给侧结构性改革背景下，财政收入增速也进入新常态，一方面是受宏观经济环境的客观影响，另一方面也是供给侧改革举措的主观应对。但是中国的社会保障制度还处在制度建设和完善期，机关事业单位养老保险制度改革和社会保险费率下调等多项制度措施在一定程度上决定了当前和未来会增加对财政社会保障支出的需要，因此财政社会保障支出出现了供需矛盾的问题：支出有刚性需求，现有收入有下降的刚性预期。如果仅仅延续原有的思维方式，结果可能是无解的。

中国经济发展模式本身的转型需要有社会政策的维度，即经济发展模式的转型有必要与社会发展的方向统筹起来加以考虑。[①] 因此，在客观评价当前财政社会保障支出水平的基础上，还需要重新梳理社会保障财政投入的来源渠道，对财政社会保障支出进行供给侧结构性改革，探究其应对策略，真正健全社会保障财政投入机制。

综上所述，财政社会保障支出对于社会保障制度运行是不可或缺的一部分。对其进行深入分析和研究有助于防范财政支出风险，具有重要的理论意义和实践意义，同样在厘清社会保障财政责任、推动社会保障制度的稳定运行方面有重要的价值和意义。

二　研究意义

党的十八届三中全会指出，财政是国家治理的基础和重要支柱。社会保障建设是社会建设的重要一环，是国家治理现代化体系中的重要构成。财政社会保障支出是社会保障财政责任的重要体现，也是社会保障长远发展的制度保障。

1. 通过财政社会保障支出更好地实现收入分配的职能

财政有三大基本职能：资源配置、收入分配和稳定经济。财政的收入分配职能有助于更好地实现社会公平，维护国家正义。财政收入

[①] 顾昕. 中国福利国家的重建：增进市场、激活社会、创新政府［J］. 中国公共政策评论，2017（12）：1－17.

分配职能的实现很大程度上要依赖于税收分配制度和社会保障财政支出。从这个角度上讲，财政和社会保障是同源的，遵循共同的价值判断和理念，或者说社会保障制度是财政制度的延伸，社会保障制度是财政职能得以实现的重要载体。因此，财政对社会保障进行资金支出是必然的，既是对社会保障的制度支持，也是财政职能运行本身的逻辑使然。

2. 财政社会保障支出优化是国家治理的需要

人们从现代国家社会发展和建设的历程可以发现，社会保障在现代国家发挥重要的作用，能更好地提高国家凝聚力，减少公共风险的发生。

国家发展至今，不同社会阶层、利益群体逐渐形成，因此协调各种利益冲突、寻求社会共同体的共同利益显得越来越重要。国家治理理念的形成，以及国家治理结构的产生，其根源在于社会共同体内部产生的公共风险。追求善治，也就是追求公共风险的最小化，保证国家发展和文明进步的可持续，这是最大的公共利益。① 从这个意义上讲，社会保障是现代国家治理体系中的重要组成部分。

财政作为国家治理的基础，对于社会保障予以财政社会保障支出是公共利益的实现，公共风险的化解，也是国家治理的需要。

3. 财政社会保障支出也是宏观经济调控的重要手段

从运行机制角度讲，宏观经济调控手段可以分为自动稳定器和相机抉择两种。前者本身可以根据经济情况的不同，自动发挥对宏观经济的调节，起到自动稳定的作用，故称为自动稳定器。后者是要根据具体的宏观经济状况来选择和确定不同的经济政策，以进行调节。

一方面，社会保障制度是天然的自动稳定器机制，尤其是其中的

---

① 刘尚希. 财政与国家治理：基于三个维度的认识 [J]. 新华文摘，2015 (19)：45 – 48.

低保制度和失业保险等子制度能很好地与经济环境逆向运行，起到有效的调节作用；另一方面，在不同的经济环境，对社会保障政策予以不同程度的发展支持，也是相机抉择的具体体现。在当前经济新常态下，传统的依赖经济要素投入的经济发展模式已经改变了，现在强调通过供给侧结构性改革，以提高全要素生产率的方式来带动经济长远健康的发展。而健全的社会保障制度和良好的就业培训等是提高全要素生产率的重要保障。因此，在供给侧结构性改革的背景下，财政社会保障支出的研究意义和研究价值尤为突出。

4. 财政社会保障支出水平国际比较的重要性

中国财政社会保障水平的理想化状态的确定，既要符合国情需要，也要遵循社会保障的发展规律。因此，进行科学合理的国际比较既是学术研究的要求，也是社会保障建设良性发展的需求所在。在国际比较过程中，界定和衡量财政社会保障水平是重要的前提。本书着重对影响我国财政社会保障支出国际比较的重要影响因素和制度根源进行了分析研究，为财政社会保障支出水平国际比较奠定了统计基础和理论依据。

可见，不论从个体层面还是从国家整体层面，财政社会保障支出都是具有重要学术研究价值和研究意义的主题。

第二节　研究综述

本书研究综述分为国内研究综述和国外研究综述两部分，主要集中在社会保障财政责任、社会保障水平及财政社会保障支出水平、财政分权及财政社会保障支出分权、社会保障事权划分等研究主题和研究文献上。

一　国内研究综述

财政社会保障支出及其分权研究属于交叉学科研究，研究文献多从社会保障政府责任、财政社会保障支出、社会保障转移支付、政府间社会保障责任划分等角度切入。

第一，关于社会保障事权划分和分权研究。

政府间事权划分属于财政分权研究中的一部分，关于财政分权及其社会经济的相关影响的研究文献众多，张馨、杨之刚、贾康、高培勇等对不同时期的财政管理体制变革的原因、作用及问题等相关主题进行了研究。[①] 赵志耘、王绍光、张光等对中国财政分权的程度进行了分析。[②] 张晏、乔宝云、周业安等重点关注了财政分权与经济增长及公共产品提供等之间的关系。[③] 财政分权理论涉及的范围很广，主要分成两部分，一是"要不要"分权，二是"怎样"分权。前者探索的主题是关于财政分权的利与弊，分析财政分权与经济增长等相关变量之间的关系；后者是在既定的分权框架前提下考虑财政分权的效率评估影响以及不同级别政府之间的协同调整问题。可以说，后者是前者的衍生研究，它是在分权既定的情况下侧重于从资源配置的角度考虑不完全市场条件下财政分权的利弊，并讨论政府对可能产生的配置

[①] 张馨. 公共产品论之发展沿革 [J]. 财政研究，1995 (3)：26-32；杨之刚等. 财政分权理论与基层公共财政改革 [M]. 北京：经济科学出版社，2006；贾康. 财政职能及平衡原理的再认识 [J]. 财政研究，1998 (7)：2-11；高培勇主编. 中国财政经济理论前沿 (4) [M]. 北京：社会科学文献出版社，2005.

[②] 赵志耘、郭庆旺. 论中国财政分权程度 [J]. 涉外税务，2005 (11)：9-14；王绍光. 健全的制度设计：正确处理中央地方合作关系的关键 [J]. 国际经济评论，1997 (1)：32-35；张光. 测量中国财政分权 [J]. 经济社会体制比较，2011 (6)：48-61.

[③] 张晏、龚六堂. 分税制改革、财政分权与中国经济增长 [J]. 经济学（季刊），2005 (10)：75-108；乔宝云、范剑勇、冯兴元. 中国的财政分权与小学义务教育 [J]. 中国社会科学，2005 (6)：37-46；周业安、宋紫峰. 公共品的自愿供给机制 [J]. 经济研究，2008 (7)：90-104.

扭曲所采取的优化及应对措施。

对政府事权划分方面的研究多从事权划分的基本原则、事权与事责的合意性、事权划分的经验探讨、中国事权划分的具体国情分析及存在的问题等角度出发，有些还涉及对相关变量的影响分析研究。马海涛等对事权和事责给出了清晰和严谨的概念界定，认为事权和事责是一对相似但又有区别的概念，如果哪级政府拥有某项公共服务的"事权"，该级政府就应当为该项公共服务"埋单"；若多级政府共同拥有某项公共服务的"事权"，则它们就应当共同为该服务"埋单"，并且对各自"埋单"的比例进行恰当的划分。但是，为该项服务"埋单"，并不意味着一定要亲自去干这件事，可以付钱让他人来完成。理应出钱"埋单"的人，拥有该项事务的"事权"；真正落实和操办这项事务的人，则拥有该项事务的"事责"。[①] 可见，事权和事责的适当分离是正常的市场分权现象。我国近年财政体制改革中多次强调"建立事权和支出责任相适应的制度"要求，正说明我国的这种分离程度已经超出了合理和科学的界限，带来了一些负面效应。楼继伟在进行政府间财政关系经济学分析的基础上，对事权划分的主要原则展开了深入的分析。[②] 刘尚希认为，我国是单一制的国家，我国的国情决定了我国政府间事权划分的特性，"中央决策、地方执行"是我国事权划分的总体特征。事权划分既可以按照事权项目在各级政府间进行，也可以按照事权要素在各级政府间进行。前者称为横向划分，后者称为纵向划分。大多数政府都会承担事权项目，但是各级政府所承担的事权要素是不同的。针对这些事权要素在各级政府之间进行分工

---

① 马海涛、任强、程岚. 我国中央和地方财力分配的合意性：基于"事权"与"事责"角度的分析 [J]. 财政研究，2013（4）：2-6.
② 楼继伟. 中国政府间财政关系再思考 [M]. 北京：中国财政经济出版社，2013.

界定，同样可以实现政府高效率的运转。① 在现行的制度框架下，倪红日等认为地方财政的事权与财力不匹配是当前分税制财政体制所存在的最为主要的矛盾，其所产生的主要问题是不同地区间的公共服务水平仍然存在较大差距，其关键原因是分税制改革不到位，具体表现为中央政府与地方政府的职责界定存在多方面错位，拥有财力集中权的中央政府部门决策权过大、过细，在进行专项转移支付的同时要求地方政府给予的财政配套资金规模远远超过地方财政财力。下一步需要以基本公共服务均等化为目标，坚持收入相对集权、支出相对分权，合理划分中央政府和地方政府职责，建立适应中国国情的、兼顾激励与均等的财政管理体制。② 傅勇认为分权背景下的财政体制和政府治理对非经济性公共物品供给产生显著的负面影响，而中央政府的向下转移支付促进了非经济性公共产品的供给。③

　　社会保障事权划分是政府事权划分的再次深入和细化。在政府间事权划分的基础上，结合国外成熟市场经济国家的社会保障事权划分的经验，对适合中国的社会保障事权划分进行探讨和建议。有课题组对世界成熟市场经济国家包括社会保障事权划分在内的财税体制进行了比较，总结经验并对中国的改革以启示。④ 林治芬认为中央与地方社会保障事权责任与财力不匹配是当前财政体制的突出矛盾，应按照社会保障各项目的属性来界定其事权管理责任的归属，进而来安排相应的财

---

① 刘尚希. 基于国家治理的财政改革新思维 [J]. 地方财政研究，2014（1）：4 - 7；刘尚希. 分税制的是与非 [J]. 经济研究参考，2012（7）：20 - 28.
② 倪红日、张亮. 基本公共服务均等化与财政管理体制改革研究 [J]. 管理世界，2012（9）：7 - 18.
③ 傅勇. 财政分权、政府治理与非经济性公共物品供给 [J]. 经济研究，2010（8）：4 - 15.
④ 高培勇主编. 世界主要国家财税体制：比较与借鉴 [M]. 北京：中国财政经济出版社，2010.

力与之配套,① 并且针对社会保障事权划分的财力匹配②尤其是养老保险事权划分的匹配进行了具体研究③。楼继伟认为,养老保险涉及劳动力的全国流动,在国外都是由联邦或中央进行管理,这样可以大量减少专项转移支付,而中国是唯一的养老保险由地方管理的国家。④

在社会保障政府间事权划分研究的同时,有学者从财政分权的角度以及社会保障支出分权的角度,来研究分权状况对经济增长、社会保障建设等方面的影响效应。庞凤喜等利用1998～2009年的省级面板数据,分析了收入分权度和支出分权度对地方政府社会保障支出规模影响的差异,他们认为收入分权度与地方政府社会保障支出规模负相关,支出分权度与地方政府社会保障支出规模正相关。⑤ 彭宅文认为在经济全球化背景下,中国以政治集权、财政分权为主要特征的地方政府治理机制所导致的地方政府竞争,固然有利于市场化改革,推动地方经济增长,但是扭曲了社会保障的改革和发展。⑥ 王晓洁等运用2009～2012年的省级面板数据进行回归量化分析,发现财政分权对城乡居民养老保险参保率产生抑制性反向作用,反之城镇化水平则为正向促进作用。⑦ 杨红燕对财政社会保障支出的结构与财政社会保障支出地区公平、城乡公平性问题进行研究,认为近年来财政社会保障支出的地区公平性有明显改善,城乡间保障差距也在逐渐缩小。财政社会保障支出分权对经济增长产生了较好的促进作用,与此同时,应高

---

① 林治芬. 中央和地方社会保障支出责任划分中外比较 [J]. 中国行政管理, 2015 (1): 34-38.
② 林治芬. 中央与地方社会保障事责划分与财力匹配 [J]. 财政研究, 2014 (3): 36-42.
③ 林治芬. 中央和地方养老保险事责划分与财力匹配研究 [J]. 当代财经, 2015 (10): 39-48.
④ 楼继伟. 财政体制改革的历史与未来路径 [J]. 财经, 2012 (9): 70-74.
⑤ 庞凤喜、潘孝珍. 财政分权与地方政府社会保障支出 [J]. 财贸经济, 2012 (2): 29-35.
⑥ 彭宅文. 分权、地方政府竞争与社会保障改革 [J]. 公共行政评论, 2011 (1): 173-176.
⑦ 王晓洁、王丽. 财政分权、城镇化与城乡居民养老保险全覆盖 [J]. 财贸经济, 2015 (11): 75-87.

度重视财政社会保障支出风险问题，并通过具体的措施进行化解。①

　　社会保障转移支付是社会保障财政支出分权中的重要研究内容之一。李珍、柯卉兵、王浦劬等学者分别对美国、加拿大、德国的财政体制及其转移支付制度进行了分析研究，阐述了这些国家政府间社会保障权责划分、社会保障财政转移支付制度及其在社会保障水平均等化等方面的作用。② 柯卉兵等认为地区间财力差异以及地方政府社会保障支出需求和单位支出成本的差异，会导致社会保障财政横向不平衡和纵向不均衡，社会保障转移支付制度的构建能够有效避免地区间社会保障事业发展的"马太效应"。同时，社会保障转移支付制度的构建有利于解决社会保障制度的外部效应问题，也有利于在全国范围内提供社会保障的最低服务标准，逐步实现社会保障服务均等化目标。③

　　第二，关于财政社会保障支出水平、财政责任支出等方面。

　　关于财政社会保障支出水平的研究源于社会保障支出责任及社会保障水平的研究和讨论。不同学科的学者站在不同的角度对早期社会保障建设中的财政责任进行了回顾，④ 并基本达成共识，认为政府应该和其他主体共同分担社会保障资金责任，确立与我国经济发展水平和政府财力相适应的保障水平，并指出在完善社会保障制度及体系建设中政府、单位和个人之间应建立合理的职能分担机制，财政应承担

---

① 杨红燕. 财政社会保障支出：结构、公平与影响 ［M］. 武汉：武汉大学出版社，2014：252.

② 李珍、柯卉兵. 美国政府间社会福利权责划分及其转移支付 ［J］. 经济体制改革，2007（5）：166－169；柯卉兵. 分裂与整合 ［M］. 北京：中国社会科学出版社，2010；王浦劬、张志超. 德国央地事权划分及其启示 ［J］. 国家行政学院学报，2015（6）：38－45.

③ 柯卉兵、李静. 论社会保障转移支付制度的理论依据 ［J］. 中州学刊，2013（7）：74－78.

④ 郑功成. 社会保障改革30年 ［M］. 北京：人民出版社，2008；杨志勇、杨之刚. 中国财政制度改革30年 ［M］. 北京：格致出版社，2008；郑秉文、高庆波、于环. 60年回顾：社保理论与社保制度的互动 ［J］. 中国社会保障，2009（10）：109－117.

更多的责任并制度化。① 随着研究的深入和细化，财政责任的研究逐渐针对社会保障具体项目，比较多的是聚焦在养老保险项目中，认为责任的差异性主要有模式差异、地区差异和城乡差异的区分，② 从而产生阶层公平性、地区公平性和城乡公平性问题，③ 同时对责任分置④进行深入的分析和探讨。

财政社会保障支出水平研究相比社会保障水平研究更晚，研究成果相对较少。已有社会保障水平研究为财政社会保障支出水平研究提供了一定的基础。针对国外社会保障水平⑤和中国地区性的社会保障水平的研究成果也逐渐丰富。⑥ 诸如，财政部社保司课题组对社会保障支出水平进行国际比较，认为我国的社会保障支出水平和发达国家相比明显偏低，也明显低于苏联、波兰等国家的社会保障支出水平，并指出在进行评价时要充分考虑到具体的历史背景和经济社会环境，同时要提高社会保障支出的效率。⑦ 穆怀中认为在一定时期财政社会保障支出的量应该适度，度的科学界定和把控是处理好财政与社会保

① 郑功成. 中国社会保障改革与发展战略——理念、目标与行为方案 ［M］. 北京：人民出版社，2008：76；朱玲. 中国社会保障体系的公平性与可持续性研究 ［J］. 中国人口科学，2010（5）：2-12；楼继伟. 建立更加公平更可持续的社会保障制度 ［N］. 人民日报，2015-12-17.

② 杨斌、丁建定. 中国养老保险制度政府财政责任 ［J］. 中央财经大学学报，2015（2）：10-17；李雪萍. 基本公共服务均等化的区域对比与城乡对比——以社会保障为例 ［J］. 华中师范大学学报，2008（3）：18-25.

③ 巴曙松、孔颜、吴博. 我国社会保障财政支出地区差异性的聚类分析 ［J］. 华南理工大学学报，2013（5）：1-9；杨红燕：财政社会保障支出：结构、公平性与影响 ［M］. 武汉：武汉大学出版社，2014；施世竣. 社会保障的地域化：中国社会公民权的空间政治转型 ［J］，台湾社会学，2009（18）：1-32.

④ 张国栋. 社会保障政府责任分置研究 ［D］. 中国农业大学博士论文，2016.

⑤ 张炜、吴宇. 日本社会保障支出水平与其经济发展关系的实证研究——基于 VAR 模型 ［J］. 日本问题研究，2008（4）：33-37；布莱玛·朱力. 塞拉利昂养老保障适度水平研究 ［D］. 辽宁大学博士论文，2011.

⑥ 欧阳琼. 中国社会保障地区差异研究 ［D］. 中国矿业大学博士论文，2012；邓群钊. 江西省社会保障水平影响因素及其经济效应 ［J］. 南昌大学学报，2013（2）：97-102.

⑦ 财政部社会保障司. 社会保障支出水平的国际比较 ［J］. 财政研究，2007（10）：36-42.

障两者关系的重点。大量的数据分析和测算表明，财政赤字率与社会保障支出水平超过其合理上限的幅度之间存在一定的相关性。因此西方福利国家社会保障体系改革从"摇篮到坟墓"的全方位模式切入，适当压缩财政社会保障支出水平，严格控制社会保障支出的不合理增长，使其超高水平尽量回落，减少政府支付危机发生的可能。[①] 但也有学者提出警示，研究发现中国内地社会保障中的公共服务支出（含公共卫生支出）占一般政府财政支出的比重近28.3%，高于韩国、新加坡、中国香港等国家和地区，而且部分地区在推行新型社会保障项目的过程中福利"大跃进"竞赛的倾向再现端倪。这就要求决策机构和公众既要致力于推进社保覆盖面的扩大，关注保障水平是否随经济增长而得到有效提高，又要警惕福利早熟倾向，还要时常审视公共社保支出项目的具体资金来源及分配和使用效率。[②]

在社会保障水平的研究基础上，财政社会保障支出的研究主要从财政投入的视角对社会保障建设中的财政社会保障支出水平、财政社会保障支出结构、财政社会保障支出效应及财政社会保障支出风险进行理论和量化研究。大部分学者认为改革开放以来，中国各级政府不断加大对社会保障建设的财政投入，[③] 已经取得了明显成效，在国民基本生活的保障、社会稳定的维护和经济发展的促进等方面发挥了重要作用。但是通过数据分析发现，我国的财政社会保障投入与人民群众对社会保障的需求还存在较大差距，不仅表现在财政支出的总量整体不足，而且在支出结构上仍然不合理，[④] 我国社会救助财政支出的

① 穆怀中.社会保障水平发展曲线研究［J］.人口研究，2003（2）：22-25.
② 朱玲.中国社会保障体系的公平性与可持续性研究［J］.中国人口科学，2010（5）：2-12.
③ 王延中、龙其玉.改革开放以来中国政府社会保障支出分析［J］.财贸经济，2011（2）：13-20.
④ 林治芬、孙王军.政府社会保障财政责任度量与比较［J］，财政研究，2012（2）：22-25；朱青.中国社会保障制度完善与财政支出结构优化研究［M］.北京：中国人民大学出版社，2010.

力度明显薄弱，财政社会保险补助支出绝大部分是用于养老保险补助，用于医疗、失业等其他保险补助的比重偏低。① 我国的财政社会保障支出还存在着明显的地区差异和强烈的城市偏向问题，与此同时，社会保障财政支出在调节收入分配方面的作用不够理想。②

马克继等认为，当前我国残疾人事业发展面临着残疾人群体与普通人群体之间社会保障水平差距拉大，不同地区残疾人群体社会事业发展差距不断拉大，残疾人事业发展的财政需求与公共财政供给之间存在着供需矛盾，公共财政投入的有效性等诸多问题。这些问题需要通过规范财政投入的预算机制、法律机制，加大均等化政策等措施来加以解决。③

李文军认为，现阶段我国的公共风险主要是人民日益增长的公共服务需求难以得到满足，进而导致内需不足，严重影响了我国经济发展方式的转变，因此财政支出结构要尽快完成转型，避免财政社会保障支出被弱化。④

第三，关于财政与社会保障相关制度建设方面。

杨志勇等认为在传统财政体制下，财政几乎没有介入收入再分配的领域，单位保障制度决定了财政几乎不具有直接承担社会保障提供的职能。改革开放之后，财政对企业的扩权让利，对建立社会保障制度的支持，对企业自生能力的形成和增强是有利的。1994 年的分税制改革提高了中央的财政调控能力，为全国社会保障制度的逐步统一奠

---

① 杨红燕：财政社会保障支出：结构、公平性与影响 [M]. 武汉：武汉大学出版社，2014.

② 徐倩、李放. 我国财政社会保障支出的差异与结构：1998～2009 年 [J]. 改革，2012（2）：47－52.

③ 马克继、米红. 推进残疾人社会保障事业发展的财政保障机制研究 [J]. 改革与战略，2009（10）：152－155.

④ 李文军. 中国财政支出结构演变与转型研究 [J]. 社会科学，2013（8）：47－59.

定了基础。①

胡鞍钢等对"十二五"期间社会保障公共支出进行了重点研究，2008~2013 年年均增幅达到 23.4%，几乎接近同期我国 GDP 年均增长率的两倍；正是在这 5 年间，我国社会保障方面公共支出占 GDP 比重从 2008 年的 6.57% 跃升为 2013 年的 10.04%，这是在现代国家建设过程中不曾有过的社会保障水平大提升，直接反映了中国政府对社会保障的高度重视和显著的建设成效，也是中国国民发展水平巨大提升的具体表现。②

徐湘林指出国家治理能力是国家治理结构在六个方面所表现出的能力的综合评估。中国在面对迫切的国家发展路径转型的挑战和考验下，国家治理能力的完善与提升也只有通过不断进行体制性改革才能实现。而完善社会再分配体系和健全社会福利制度，建立起适应社会经济发展需要的社会保障体系是其中至关重要的一环。③

二　国外研究综述

在西方文献中，关于财政社会保障支出的经典文献当属社会保障文献瑰宝《福利资本主义的三个世界》。丹麦学者艾斯平－安德森从去商品化程度、福利的阶层化效果以及政府与市场的关系等三个基本概念出发，提出了福利体制的三分法，即自由主义、法团主义和社会民主主义。这三种模式划分的重要依据之一就是福利给付的非商品化。而判断非商品化程度的重要标准即为国民福利筹资结构中对于劳动力市场的依赖程度。社会民主主义国家的社会福利支出主要来源是

① 杨志勇、杨之刚. 中国财政制度改革 30 年［M］. 上海：上海人民出版社，2008：162.
② 胡鞍钢、杨竺松、鄢一. "十三五"时期我国社会保障的趋势与任务［J］. 中共中央党校学报，2015（1）：85－91.
③ 徐湘林. "国家治理"的理论内涵［EB/OL］. 人民网，2014－4－1. http://theory. people. com. cn/n/2014/0401/c40531－24796875. html.

国家税收，对于社会福利的财政投入较多，其福利的获取与劳动力缴费的关联程度偏低。法团主义国家的社会福利支出主要来源是社会保险缴费，财政支出在社会福利筹资结构中所占比重不高。而自由主义国家不仅社会支出的收入结构中有相当大的比重来自社会保险缴费，而且其社会支出的配置原则在较大程度上依从选择主义原则。艾斯平－安德森所划分的不同福利国家模式，正好勾勒出财政社会保障支出的基本形态类型。

在后来的理论和国家实践过程中，关于国家社会福利政策的选择不断分化。政府、市场、社会在国家福利建设的过程中所扮演的角色和发挥的作用，日益呈现多元化的格局。[①] 20 世纪 80 年代以来，关于福利国家政策收缩的主张日益高涨，就算在传统的福利国家，福利政策适当收缩也被认为是一种必要。[②] 但有意思的是，无论关于社会福利政策走向的讨论如何进行，在欧美发达国家中政府的社会福利支出却并没有明显的下降。[③]

除了社会政策的讨论外，关于社会福利支出对经济增长的影响的讨论和研究一直在持续，并形成了大量的研究成果，但并没有达成共识。有很多经济学家提出了大量社会福利支出会影响经济增长的主张，但是同样不乏反对的声音。

马斯格雷夫相信"政府的明智管理是民主之魂"，[④] 在分配过程中他更关心低收入阶层，主要遵循罗尔斯的公平分配原则。他强调财政

① Bob Hancke. Debating Varieties of Capitalism：A Reader ［M］．Oxford and New York：Oxford University Press，2009.

② Jacques H. Dreze and Edmond Malinvaud. Growth and Employment：The Scope for a European Initiative ［J］．European Economic Review，Vol. 38，Issue 3 － 4（1994）：489 － 504.

③ Paul Pierson（ed.）. The New Politics of the Welfare State ［M］．New York：Oxford University Press，2001.

④ 詹姆斯·M. 布坎南、理查德·A. 马斯格雷夫. 公共财政与公共选择 ［M］．北京：中国财政经济出版社，2000：11.

杠杆的合理运用，强调可以通过社会保障领域中的财政投入来实现社会公平和正义。由于市场失灵的存在，国民收入在初次分配时并不能保证公正公允分配结果的出现。考虑到各种禀赋创造财富能力的差异，以及个人积累和继承的财富也会有很大差距，因此市场分配的结果存在较大不公平的可能性。借助财政社会保障支出机制来实行再分配以实现社会公平是个行之有效的办法。①

哈罗德—多马经济增长理论认为投资具有双重效应，即投资通过创造收入而增加对产出的需求效应，同时投资能增加资本的存量，可以提高经济的产出能力进而催生新的供给效应。按照哈罗德—多马理论，财政对社会保障的投入能带动供给，只不过这种供给效应的产生并不是通过增加资本存量而产生的，而是社会保障产品供给量的提高以及供给水平的提升带来的直接供给效应，并同时吸引和引导私人资金向社会保障的投入增加而产生间接的供给效应，即挤入和外溢效应。②

英国经济学家阿特金森在关于政府社会福利支出对经济增长的研究成果中指出，姑且不论健康型和投资型福利支出可以有利于人力资本的增进从而能促进经济增长，就算转移型社会福利支出也并非一定有损于经济增长，关键在于是否存在有损于经济增长的负激励结构，尤其是养老金计划是否会带来私人储蓄和投资的减少进而影响经济增长。③

---

① R. A. Musgrave. A Reappraisal of Social Security Financing. In: F. Skidmore (eds). Social Security Financing [M]. Cambridge: MIT Press, 1981: 89 – 129.

② 罗伊·哈罗德. 动态经济学 [M]. 北京: 商务印书馆, 1981; E. 多马. 经济增长理论 [M]. 北京: 商务印书馆, 1983.

③ A. B. Atkinson. Is the Welfare State Necessarily an Obstacle to Economic Growth [J]. European Economic Review, Vol. 39, Issue 3 – 4 (1995): 723 – 730.

弗里德曼不仅对财政社会保障的一般性经济影响进行了分析研究，还着重就中国的社会保障改革及财政社会保障支出问题提出建言。他指出，社会保障制度本身会比较明显地减弱人们在就业时期的私人储蓄主动性，而财政社会保障支出一定程度上会较为明显地提高人们在就业时期的消费偏好。因为同时存在资产的替代效应和退休效应，所以，社会保障对消费的影响具有较为明显的不确定性，财政社会保障投入会在一定程度上影响储蓄但对社会总消费的最终影响是不确定的。在对中国的实际情况进行具体分析之后，弗里德曼就中国的社会保障制度改革提出了相关建议，比如公共财政的支付应该对旧经济体制下的"老人"和新体制下的"新人"进行区分，并且财政在社会保障制度转轨过程中应发挥相对主动性等。他根据模型指出，社会保障资金如果严重不足会最终影响政府的负债政策，应当避免社会保障支出扭曲政府预算的财务平衡，应将其放在国家统一预算管理中。①

美国社会经济史学家林德特 2004 年出版了获奖巨著《增长中的公共部门》，此书通过详尽周密的数据分析和丰富细致的历史资料考证，论述了一个颇具冲击性的观点，即一个国家的社会支出（用其占 GDP 的比重来度量）对该国整体的经济发展水平有极大的促进作用。② 其政策主张体现出对于国家社会建设政策的支持和推崇。福利国家在一段时间是讳莫如深的词语和主张，特别是欧债危机发生之后，甚至有人认为是福利国家的道路选择造成了希腊等欧洲国家的债务危机，甚至导致国家破产的情况。但有意思的是，尽管在新自由主义

---

① John Friedmann. Four Theses in the Study of China's Urbanization ［J］. International Journal of Urban and Regional Research, 2006 (6).

② Peter H. Lindert. Growing Public: Social Spending and Economic Growth since the Eighteenth Century ［M］, Vol. Ⅰ－Ⅱ. New York: Cambridge University Press, 2004.

思想的冲击下，全球福利国家进行多维度的改革，但不论具体改革方向如何，欧美主要发达国家政府在社会政策上的支出基本上都没有下降。①

对政府间社会保障支出责任划分方面的研究多从分权角度出发。传统财政分权理论也称财政联邦主义理论，以新古典经济学的规范理论作为分析框架，从经济学的视角出发，具体考虑政府职能如何在不同层级政府之间合理配置以及财政政策工具的有效分配等问题。鉴于蒂布特、奥茨和马斯格雷夫等人在传统的财政分权理论上开创性的贡献，该理论也被称为 TOM 模型（TOM-model）。② 后来又出现了以温加斯特、蒙迪诺拉、钱颖一和罗纳德等为代表的所谓"第二代财政分权理论"。③

除了经典理论之外，在有关财政社会保障支出的国际研究中，世界卫生组织、国际货币基金组织、世界银行、经济合作与发展组织、国际劳工组织和欧盟等国际组织及其机构的学者也有丰富的研究成果，其中不少研究成果是专门围绕中国问题而开展的。④ 施罗德等学者研

---

① Paul Pierson（ed.）. The New Politics of the Welfare State［M］. New York: Oxford University Press, 2001.

② Charles Tiebout. A Pure Theory of Local Expenditures［J］. Journal of Political Economy, Vol. 64 (5), 1956: 416 - 424; W. E. Oates.. Fiscal Federalism［M］. New York: Harcourt Brace Jovanovich, 1972; R. A. Musgrave.. The Theory of Public Finance［M］, New York, McGraw-Hill, 1959.

③ B. R. Weingast. Economic Role of Political Institutions: Market - Preserving Federalism and Economic Development［J］. The Journal of Law, Economics and Organization, 1995, 11 (1): 1 - 31; G. Montinola, Qian and B. R. Weingast. Federalism, Chinese Style: The Political Basis for Economic Success in China［J］. World Politics, 1995 (48); Qian, G. Roland. Federalism and the Soft Budget Constraint［J］. American Economic Review, 1998 (88).

④ OECD. 中国公共支出面临的挑战：通向更有效和公平之路［M］. 北京：清华大学出版社, 2006; WHO. The World Health Report-Health Systems Financing: The Path to Universal Coverage. 2010; Shaista Alam, Abiba Sultana, Mohammad S. Butt. Does Social Expenditures Promote Economic Growth? A Multivariate Panel Cointegration Analysis for Asian Countries［J］. European Journal of Social Sciences, 2010.

究了西方国家的分权式社会保障体系对保障水平的影响等问题。[①]

第三节　相关概念与研究对象的界定

一　社会保障支出与财政社会保障支出

党的十四届三中全会指出，建立多层次的社会保障体系对顺利建设社会主义市场经济有重要意义，并且确立了多层次社会保障体系的框架，即社会保障包括社会保险、社会救济（后调整为社会救助）、社会福利和社会优抚。按照该社会保障框架，社会保障支出主要包括社会保险支出、社会救助支出、社会福利支出和社会优抚支出。本书的社会保障支出及其财政社会保障支出更多是指用于社会保障本义上的支出，不包括广义社会保障即教育、公共卫生支出等项目，除非特别说明。

在实行社会保障税征缴模式的国家，参保个人和单位的社会保险缴费也作为税收收入成为财政收入的一部分，因此，财政社会保障支出与社会保障支出基本是一致的。但是，由于我国实行社会保险缴费机制，单位和个人缴纳的社会保险费并没有纳入公共财政预算体系，而是进入相应的社会保险基金预算。因此在我国，社会保障支出与财政社会保障支出是有一定区别的。前者既包括未纳入财政预算管理的各类社会保险支出，也包括公共财政用于补助社会保障各项目的支出。而财政社会保障支出主要是指后者。但 2011 年之后，社会保险预算构成了政府全口径预算中的一部分，全口径财政社会保障支出包括了社会保险支出。因此，本书用全口径财政社会保障支出

[①]　Shroder M.. Games the States Don't Play: Welfare Benefits and the Theory of Fiscal Federalism [J]. The Review of Economics and Statistics. 1995.

予以区分。

本书的财政社会保障支出分为小口径（口径一）、宽口径（口径二）和全口径（口径三）。小口径为一般性公共财政预算和决算中的"社会保障和就业支出"项目；宽口径为一般性公共财政预算和决算中用于社会保障方面的各项支出，包括小口径以及用于医疗保障、住房保障等各项目的支出；全口径社会保障支出为全口径政府支出中用于社会保障方面的支出总额，即包括公共财政支出、政府性基金支出、国有资本经营支出中用于社会保障的支出以及社会保险支出总和。其中，唯有全口径财政社会保障支出包含了社会保险支出。

财政社会保障支出水平是指各级政府从公共财政收入及其他政府收入中用于社会保障的支出总规模，该指标反映了政府财政资金用于社会保障建设的资金规模的大小。关于该指标的研究并不是一个新的研究课题，但是从全口径财政预算来重新审视和讨论社会保障财政支出不失为新的视角和突破点，也为财政社会保障支出真正进行国际比较奠定了基础。在社会保障财政支出国际比较中不仅要做到社会保障项目"全口径"，同样要保障财政项目的"全口径"。

二　财政分权与财政社会保障支出分权

分权是指有关公共职能的权威和责任从中央政府向次政府（或中央以下各级政府）或准独立的政府组织和/或私人部门转移，是一个复杂的具有多重含义的概念。[①] 从不同的角度理解和界定，分权可以划分为政治分权、行政分权、财政分权和市场分权等。财政分权也称

---

① 杨之刚. 财政分权理论与基层公共财政改革［M］. 北京：经济科学出版社，2006：29.

财政联邦主义，奥茨1999年在其相关论文中对于该概念及理论给予了全面和规范的介绍。① 财政分权或财政联邦主义解决的是如何在不同的政府级次间分配责任及实现这些责任的财政手段，并使财政手段和实现的责任之间保持一致。也就是说，财政分权是指赋予地方政府一定的征税权力和财政支出权限，并通过允许其相对独立决定预算支出的规模及结构，使处于基层的地方政府能在选择其所需要的政策类型等方面具有一定的自由裁量权，最终推动地方政府提供更多更好的服务。

财政社会保障支出分权即指财政社会保障支出在不同层级政府之间的分布和安排，其决定了不同层级政府社会保障财政支出的规模和结构。

三 社会保障财政体制

财政体制也称财政管理体制，是对不同层级政府之间关于财权、事权及转移支付制度的统称，在现代市场国家，财政管理体制又被称为财政联邦主义。其主要包括以下几个方面的内容，即收入分配、支出分配和转移支付。另外，一个完整的财政管理体制可以通过严格的预算管理体现出来。

在西方多数国家，社会保障收入是通过向雇主及个人等主体征收社会保障税的方式进行筹集并纳入国家的财政体系，国家通过不同的方式从公共财政收入进行筹资来完成对社会保障收入的补贴。这些补贴方式主要包括兜底型和配比型。不同层级的政府通过其事权划分安排各自的社会保障支出，完成社会保障各项公共产品的提供和监督管理保障。在西方国家，中央和地方政府基本上都建立了完整的转移支付制度，来解决社会保障水平的均衡性差异及代理完成所属事权责任

---

① W. E. Oates. An Essay on Fiscal Federalism [J]. Journal of Economic Literature, 1999. 37 (3): 1120 - 1149.

等诸多事宜。这些社会保障收入和支出，不同的国家根据其具体国情和管理需要采用不同的预算模式，主要包括公共财政预算模式和专项基金预算模式。公共财政预算模式主要将社会保障收入和支出与政府的其他经常性收支一起完全纳入公共财政预算，其代表国家为英国。专项基金预算模式主要是将社会保障收入和支出区别于政府的经常性项目，不纳入公共财政预算领域，单独以社会保障基金预算的方式进行编制，其主要的代表国家有美国、日本和德国等。从某种意义上来说，中国也隶属于该种类型预算模式。这种预算方式逐渐成为世界社会保障预算的主流。当然，有些国家和地区由于国情或社会保障制度的特殊性，政府在社会保障制度中没有承担任何形式的费用和补贴，社会保障完全独立于政府预算之外，没有建立任何形式的社会保障预算制度，比如新加坡。

由此可见，世界上大部分国家的社会保障制度中都有符合财政管理体制所要求的收入划分、事权划分、转移支付及预算管理制度。因此，从概念的内涵要求上，社会保障财政体制是丰满和充盈的，而且在概念外延上和财政体制高度一致。除此之外，诸多学者在其学术著作中出现了社会保障财政体制的概念，比如杨红燕的《财政社会保障支出：结构、公平性及影响》一书，在"典型国家财政社会保障支出经验与借鉴"一章中，明确出现了"社会保障财政体制"一词。虽然没有给予概念界定，但足以说明该概念在学术研究上的需要。因此，本书根据其内涵和外延的要求，界定社会保障财政体制的概念。简言之，所谓社会保障财政体制是对各级政府在社会保障收入分配、社会保障事权划分、社会保障转移支付及社会保障预算制度等方面的管理制度的统称。

第四节 研究框架与主要内容

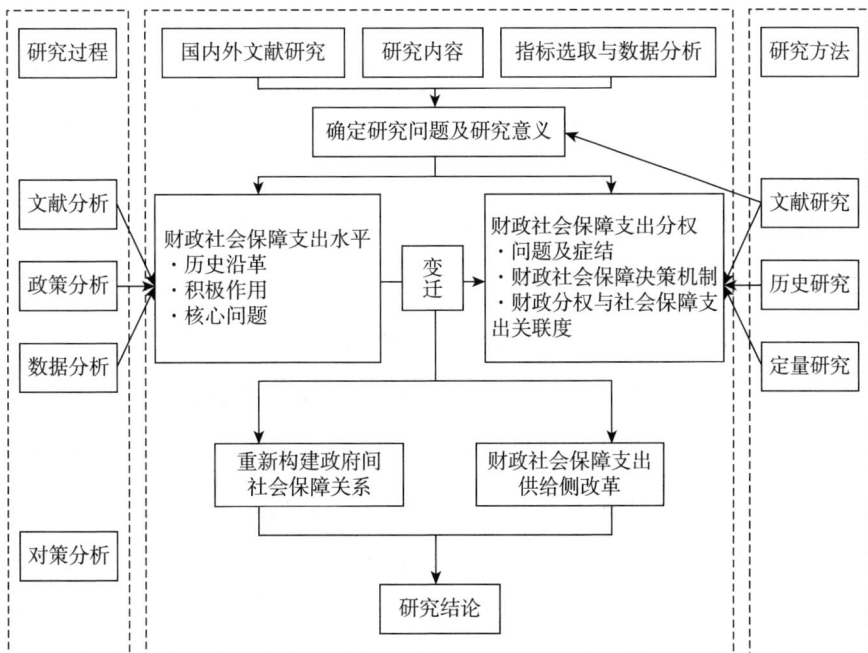

图 1-1 研究框架

一 研究内容

本书拟对我国财政社会保障支出及其分权结构进行理论和实证研究。在社会保障改革与发展进程中，政府责任有何具体体现？其财政社会保障支出具体水平和分权程度如何？经济新常态和供给侧结构性改革会给财政社会保障支出带来哪些影响和矛盾？又该采取哪些措施来解决这些问题和困难？这些正是本书需要研究和回答的问题。具体来看，本书的主要内容包括以下七章。

第一章为导论，阐述本书的研究缘起与研究意义，并在对相关研究进行文献梳理的基础上阐述本书的研究架构、研究方法、创新及不足。

第二章为理论基础部分。福利经济学是社会保障制度的重要理论基础，不同阶段的理论思想为财政社会保障支出研究提供了理论依据；公共产品理论为财政社会保障支出的重要理论依据；财政分权理论是决定政府间社会保障事权划分的基础，也是研究财政社会保障事权划分的理论根源。

第三章系统论述在不同财政体制时期中国社会保障建设中政府责任的具体体现及相应的财政社会保障支出状况，并且总结出中国财政制度对社会保障发展的影响关键节点和脉络。

第四章论述中国在自上而下的社会保障制度建设和实施推进中不同层级政府的角色差异，以及财政社会保障支出不同层级政府的分权状况，分析财政社会保障分权对社会保障制度实施所带来的影响。

第五章重点分析和研究中国当前财政社会保障支出及其分权存在的深层次问题，并结合当前具体的宏观经济环境和供给侧结构性改革背景，分析财政社会保障支出本身供需之间的矛盾以及财政社会保障支出所要进行的供给侧结构性改革。

第六章围绕重点研究的中国财政社会保障支出与社会保障事权重构提出了相关对策和建议。

第七章为结论，结合以上各部分的研究分析，对主要研究结论进行归纳和总结。

二　研究方法

（1）文献分析法。文献收集、整理和分析归纳是研究的重要手段和基石。在本书研究过程中，笔者广泛收集与研究主题相关的各类文献资料，一是国内外学术论文、学术著作、学位论文等；二是包括财政部、民政部、人社部、世界银行等在内的政府及国际组织官方网站上的信息资料和数据；三是统计年鉴、民政年鉴及劳动统计年鉴等专业数据。

（2）历史研究法。本书按照时间脉络，梳理了不同历史时期的社会保障政府责任及财政社会保障支出状况，纵向分析了在社会保障发展过程中财政体制发挥的正向影响和负面抑制，为社会保障制度建设发展过程中的诸多问题提供了财政分析的视角。

（3）定量研究。本书对从官方网站、专业年鉴和报刊资料收集整理的相关专业数据进行了指标处理和比较分析，为问题描述和论证分析提供可靠的依据。

三 研究创新点与不足

（1）本书从财政管理体制的角度梳理了社会保障制度的发展和变迁，并从多角度、多层面论述社会保障财政责任及财政社会保障支出状况，为财政社会保障支出的研究提供了严谨而全面的素材。

（2）本书以更科学、全面的角度和口径界定了我国财政社会保障支出水平，并分析了影响我国财政社会保障支出水平国际比较的主要因素，为财政社会保障支出水平国际比较奠定了理论基础和统计基础。

（3）党的十八届三中全会中提出"健全社会保障财政投入制度"，本书的研究为该改革举措提供了新的思维和视角。健全社会保障财政投入制度不是简单地增加现有口径上的财政社会保障支出水平，而是应该对财政社会保障支出进行供给侧结构性改革。

（4）本书尝试运用财政分权理论解释过去和当前我国政府间财政社会保障支出的合理性及存在的问题，科学界定和衡量我国社会保障财政支出分权程度，并根据国际上财政分权趋势提出我国财政社会保障事权划分的构想。

本书不足之处在于以下三个方面。一是本书主题相对比较宽泛，部分内容和章节研究欠缺深入，有待更进一步深入挖掘。二是本书在有关内容的研究方法上缺乏更充分有力的定量分析，为结论提供更可靠的依据。三是在理论体系探讨方面不够深入，可以构建更为扎实的理论框架。

第二章 理论基础

社会保障研究属多学科交叉研究的范畴，财政社会保障支出研究正是其中的体现。诸多理论为财政社会保障支出研究提供了理论基础和理论框架，其中福利经济学理论、公共产品理论和财政分权理论尤为突出和重要。

第一节 福利经济学理论

福利经济学是西方经济学的重要一脉，它是对经济体系的运行进行评价，以期改善社会福利的经济学说，是研究各种经济状态的社会合意性的经济理论的一个分支。西方一些经济学家认为福利经济学最早起源于英国经济学家和改良主义者霍布森，他在一些经济学著作中讨论过社会福利问题，并提出了通过财富分配以增进社会福利从而消除经济不平等现象的主张。但是，由于其并没有确立福利经济学体系，直到1920年庇古出版了《福利经济学》才真正成为福利经济学创立的标志。此后，福利经济学影响范围日益深远，其研究内容和范围也不断拓宽。福利经济学可划分为旧福利经济学和新福利经济学两大体系。旧福利经济学以英国经济学家庇古为代表，提出了国民收入和福利总量之间的关系。新福利经济学是对旧福利经济学的进一步发展和补充，发展了公平、效率与社会福利之间的关系。福利经济学是社会保障制度的重要理论基础，不同阶段的理论思想为财政社会保障支出研究提供了理论依据。

一　旧福利经济学

庇古的旧福利经济学受到边沁功利主义的影响，以基数效用论作为理论基础，提出了福利、社会福利与经济福利等概念。关于福利的研究，庇古把研究的主题限制在能够用货币计量的那部分社会福利即经济福利的范畴。他认为福利是表示人的心理状态并寓于人的满足之中，人性的本质就是追求最大化的满足，福利的大小可以通过货币来衡量；同时关于社会福利与国民收入之间的关系，他认为国民收入的大小与国民收入的分配是影响社会福利的主要因素。庇古的旧福利经济学从国民收入的数量和总量出发，提出了福利经济学的两大命题。一是从生产角度出发，国民收入的增加可以增加社会的总体福利水平；二是从分配角度出发，国民收入分配越平均，社会福利就越大。

庇古福利经济学的两个重大命题将社会福利和国民收入的形成以及国民收入分配结合在一起。其中，国民收入的形成是生产资源配置的问题，而国民收入的使用是国民收入的分配问题，进而针对如何才能实现生产资源最优配置的问题得出了政府适当干预经济的结论，针对如何增进社会福利得出了国民收入分配调节的结论。庇古福利经济学为西方国家制定社会保障等相关社会政策提供了理论依据，也对社会保障制度的政策研究产生了影响。首先，社会福利需要通过增加国民收入而提高，国民收入提高，社会公共服务总量就会增加，社会福利随之增加。该结论同样被之后百年的西方福利国家的实践所证明。其次，收入的边际效用符合递减规律，收入在穷人和富人之间有效转移，能增加社会总福利水平。"很明显，把收入从相对富裕的人转移给了相对贫穷具有同样性格的人，一定能增加满足的总量，因为它通过牺牲比较微弱的欲望而使比较强烈的欲望能够得到满足。"① 庇古提出了向富人征税尤其是向富人的消费征税，再以转移支付的方式将其转移给穷人的主张。这种转移可以是向穷人提供免费教育、失业保险、社会救济等直接转移支付方式，也可以是间接转移支付方式。它们都是政府干预行为的体现。这种干预行为主要是指国家公共服务的提供尤其是向穷人或弱者更多的公共服务的提供，其中就包括社会保障公共服务的提供，由此可增加社会福利整体水平。庇古的福利经济学思想可以被视为财政社会保障支出的直接的理论依据。

二　新福利经济学

20 世纪 30 年代，针对福利经济学展开了大讨论，新福利经济学逐渐取代了旧福利经济学。新福利经济学的主要代表人物包括帕累托、卡尔多、希克斯、萨缪尔森等人，他们在理论根基、基本观点和政策主张上对旧福利经济学进行了修正、补充和完善。具体表现在：新福利经济学发展了效率标准，用帕累托最优来解释福利问题；在方法论上，基数效用论逐渐被取代转而使用序数效用论，并开始运用边际替代率、无差异曲线等微观经济领域的分析方法对福利问题进行探讨；针对帕累托最优的缺陷提出补偿原则；等等。② 其中，补偿原则、社会福利函数理论以及森的能力中心观等思想成为财政社会保障支出研究的理论基础。

1. 补偿原则

卡尔多、希克斯等人提出的补偿原则的中心思想是，任何经济政

---

① 庇古．福利经济学［M］．北京：华夏出版社，2007：69.
② 柯卉兵．分裂与整合［M］．北京：中国社会科学出版社，2010：112.

策的改变都可能会使一部分人受益而另一部分人受损，所以国家应该采取补偿政策，让变革的受益者补偿变革的受损者，使受损者保持原有的福利水平，如果补偿后还有剩余，社会福利就会增加。补偿原则关注社会福利综合指标，为社会政策甚至相关经济政策的调整提供了思想和理论支柱。按照补偿原则，与其将社会保障视为缩小贫富差距的手段，不如将其视为补偿社会变革受损方的有效措施。以此可以换一个角度解释诸多政策取向，比如最早于 2000 年提出的划转国有资本充实全国社会保障基金举措等政策行为。

在国有企业改革之前，职工用在职时的低工资来换取较为均等的福利和较为可靠的保障，即稳定的工作、企业支付退休金、医疗保障和有限的福利住房。随着经济改革和国有企业改革的推进，企业可能破产，职工出现下岗。职工在职时的低工资所形成的一部分国有资产从产权上应该是属于为这部分国有资产积累做出贡献的老职工的。之前解释在国有企业改革和养老保险改革的背景下划转一部分国有资产来充实社会保障基金更多是从经济逻辑抑或从社会契约精神，甚至从政治稳定的角度出发，但补偿原则给了我们一个全新的福利经济学的视角——国家福利水平增加的角度。一项社会变革，使一部分人的短期福利遭受损失在所难免，但长期来看，通过"合理"的分配措施可以弥补福利损失，甚至可以增加福利，使社会福利整体水平提升，增进社会福祉。因此，通过划转在企业改革中受益方国有资本充实给全国社会保障基金来弥补受损方职工的福利损失，对于提高国家福利整体水平是有益的。由社会变革造成的福利损失，政府可以通过社会保障支出政策给予补偿，是补偿原则的体现。

2. 社会福利函数理论

萨缪尔森、伯格森等认为补偿原则并不是完全科学的，对补偿是否恰当进行评估和分析，只有在事后才可以进行，事前是无法预测的。

鉴于此，他们提出了社会福利函数理论，提出社会福利和相关影响因素之间存在一定的函数关系，[①] 他们认为福利的最大化取决于个人对影响福利变量的自由选择，个人可以选择自己认为最理想的一种组合，只有实现了个人福利函数的最大化，才有实现社会福利最大化的可能。可见，社会福利函数理论也兼顾了效率与公平，其中经济效率是实现社会福利最大化的必要条件，而合理分配是实现社会福利最大化的充分条件。[②]

3. 森的能力中心观

1998 年阿玛蒂亚·森对以萨缪尔森为代表的社会福利函数理论进行了批判。他认为，仅用个人效用指标来衡量社会福利也存在缺陷，创造福利的并不是商品本身，而是它带来的那些机会和活动。因此，森提出了能力中心观取代原有的幸福效用观，他认为个人的幸福是建立在本人所能做的各种事情的基础之上，而这取决于其个人能力的高低。所以，社会福利水平提升的根本在于个人能力的培养和提高。这样，社会福利水平的提高应更多关注个人能力的培养和提高，而不应像以往福利经济学那样主要关注财富的增长和效率的提高。

森的能力中心观给财政社会保障支出的支出结构和支出方式的选择等方面带来新的思考和启迪。社会福利水平的提高不能仅仅来自福利收入的增长，更需要通过个人能力的提升来实现。社会保障公共服务的出发点和归宿在于培养和训练个人能力，不应只着眼于政策的经济激励，应更多关注个人的生存和发展环境，并且通过社会保障公共服务来进行创造和培养。该思想直接指导了失业保险相关政策的制定：是仅提供失业金的领取，还是应更多提供再就业培训等公共服务。

----

① 柯卉兵. 分裂与整合 [M]. 北京：中国社会科学出版社，2010：114.
② 于树一. 公共服务均等化的理论基础探析 [J]. 财政研究，2007（7）：27 - 29.

第二节 公共产品理论

在论证政府职能必要性中，公共产品理论是其中重要的理论基础，也是财政社会保障支出的重要理论依据。

一 公共产品理论的核心内涵

公共产品（Public Goods）是相对于私人产品（Private Goods）而言的，该概念的提出大约在20世纪初。根据产品的产权是否可以完全转移以及是否满足公共需要等标准，经济学家将产品划分为公共产品、私人产品和介于两者之间的准公共产品。

要想准确定义公共产品并非易事，其中萨缪尔森的定义最广为流传和经典。1954年美国经济学家萨缪尔森在《经济学与统计学评论》上发表的《公共支出的纯理论》一文中第一次提出了公共产品的概念，按照他的定义，纯粹的公共产品"是指这样的产品，即每个人消费这种物品不会导致别人对该产品消费的减少"。换句话说，纯粹的公共产品就是既不可能也无必要对其消费加以排他的产品，即同时具有非排他性和非竞争性的产品。

非排他性是某个人或集团对公共产品的消费，并不会妨碍其他人或集团同时消费该公共产品，简单地说，一旦公共产品被提供出来，不可能排除任何人对它的消费。首先，在技术上排他不可行，或者技术上虽可行但成本过高，不值得；其次，任何人不得不消费它，就算不情愿，也无法加以拒绝，即意味着非拒绝性。

非竞争性是指消费者的增加并不会引起生产成本的增加，即多一个消费者所引起的边际成本为零。非竞争性正好解释了公共产品在排他性上的非必要性。首先，从生产方面，增加消费者并不需要资源的追加投入；其次，从消费方面，消费者的增加并不会减少其他人的满足程度，不会带来"拥挤成本"，因此，公共产品完全没有必要排他。

从这两个基本特征来看，纯粹的公共产品并不多。国防应该算比较典型的公共产品。一方面具有非排他性，一旦提供，所有的国民无一例外地都受到国防系统的保护，任何人不能拒绝自身或排斥他人得到这种公共产品的服务。另一方面具有非竞争性，一经提供，多保护一个人并不需要增加投入，也不会减少其他人的满足程度。

分析和研究表明，公共产品都具有正外部性，即其生产或消费会给他人带来利益，但无法取得回报。

二 社会保障的准公共产品属性

纯粹的公共产品是非常少见的，更为普遍的是准公共产品，即只具备一个条件，另一个条件并不具备，或者两个条件都不具备，但具有正外部性的产品。

社会保障作为一种社会产品，起源较早。而其通过立法方式确立的时间始于 19 世纪 80 年代左右，"社会保障"作为规范词语，最早出现在美国 1935 年通过的《社会保障法案》中。100 多年的实践证明，社会保障对一国的经济社会发展起到了较为明显和充分的"安全网"和"减震器"的作用。不同学者对于社会保障应界定为哪个级别的公共产品没有定论，但是均不否认其公共产品的内在属性。[1]

对于我国的社会保障制度而言，它是国家通过立法并依法采取强制手段对国民收入进行再分配，对暂时或永久失去劳动能力及各种原因造成生活困难的社会成员提供基本生活保障、分散个人风险，以保

---

[1] 寇铁军、崔惠玉. 社会保障的产品属性探析 [J]. 财经问题研究，2000 (11)：50-53.

证劳动力再生产、社会安定、经济有序进行的措施、制度和事业的总称。① 社会保障体系本身包含了多个项目，不同子项目的公共产品属性也存在一定区分。

首先，社会保障具有不完全的非排他性。一方面，社会保障并不像纯粹的公共产品那样具有非排他性，它通过一些设定的条件将一部分人群排除在受益范围之外，因此在技术上是排他的。比如社会保险必须在特定风险发生时才可以受益，并且在之前要按照规定履行缴费义务。再比如社会救济，只有收入低于一定水平才可以申请领取，并不是所有人都能够无条件地享受社会救济的援助。但在另一方面，社会保障也有非排他性的一面。比如，社会保险是政府依法设立的，并不排斥任何人参加社会保险，因此从宏观层面上讲具有非排他性。同样，在社会福利和社会救济方面，对于符合条件的公众而言，他们可以消费这些福利和救助项目，而不需要付出任何代价。

其次，社会保障具有不完全的非竞争性。非竞争性是指增加一个消费者的边际成本为零，一个消费者的增加并不会影响其他消费者的利益，人人受益相等。但从社会保障的状况来看，很显然不完全符合非竞争性的要求。比如，社会保险通过缴费等方式形成互济基金，有人领取社会保险金必然会引起基金总额的减少，其边际成本不会是零。另外，社会保险的受益是和个人缴费相关的，当然相关程度会因制度的设计存在差异，但不会是人人受益相同。再比如，社会救助和社会福利等项目，它们在一定程度上具有非竞争性，多一个人消费或少一个人消费并不会影响其他人的受益。但是很显然，仍然存在拥挤性。在国家预算有限的情况下，随着受益人群的增加，必然会影响到人群受益程度。

---

① 李珍. 社会保障理论 [M]. 北京：中国劳动社会保障出版社，2007.

因此，社会保障并不是完整意义上的公共产品，而且在社会保障内部，不同项目的公共性也存在差异。显然，社会救济和社会优抚的公共性更强，社会保险的公共性较弱，更多地具有私人产品的性质。而社会福利则比较复杂，需要区别普遍性福利和特定性福利。前者适用于所有人，从性质上更接近于纯公共产品。后者只针对特殊人群，比如老年福利、儿童福利和残疾人福利等，接近于"俱乐部产品"。

三　社会保障的财政提供

1. 社会保障财政提供的必要性

基于社会保障项目在公共产品属性上的差异，因此政府的供给责任理应存在一定的区分。财政的存在是要提供公共产品，弥补市场失灵。社会保险本质上来讲更多偏向私人产品属性，应该更多由市场来提供。但是由于信息不对称，社会保障领域因道德风险和逆向选择问题存在一定程度的市场失灵的状况，因此政府适宜提供最基本的社会保险部分；但是如果提供过多，可能会出现效率低下，产生负向激励。

社会救济、社会福利和社会优抚具有较强的公共产品属性，不仅有较为明显的非排他性和非竞争性，而且是一种纵向的再分配，是将高收入阶层的收入向低收入阶层转移，具有较为明显的调节收入分配和改善贫富差距的作用。社会救济、社会福利和社会优抚没有缴费机制，不能获取收益回报，市场并不会提供。虽然出于道德层面的考虑，市场上会有一些民间慈善组织的存在，但如果将社会救济、社会福利和社会优抚交由市场提供，一定会出现供给不足。因此，社会救济、社会福利和社会优抚应该由国家提供，国家财政承担资金保障。

2. 社会保障财政提供的分层化

根据公共产品受益范围和效用外溢程度的不同，布雷顿将公共产品划分为国家性公共产品、区域性公共产品和地方性公共产品等不同的层次。① 国家性公共产品的受益范围为整个国家，所有公民可以无一例外地享受到该公共产品的好处或者说该公共产品的外溢可以惠及全体国民。国防、外交及全国性的法律制度被视为典型的国家性公共产品。区域性公共产品的受益范围为某一个具体区域，或者说该种公共产品的外溢范围为某个区域，诸如长江流域治理等区域性公共治理活动。地方性公共产品的受益范围仅限为某一个特定地区，只有本地区的公众才能享受到该公共产品。

公共产品的层次性正是不同层级政府职能划分、事权划分以及财权划分的理论基础。不同层级的公共产品应该由不同层级的政府提供，相互之间实现科学的匹配是保障公共产品能够公平而有效提供的前提和基础。倘若公共产品的层级与所提供的政府层级之间没有实现科学匹配，则会引发公共产品的供给不足或者供给过剩的问题。

同理，作为政府负责的公共产品或者准公共产品，社会保障项目的提供同样需要在不同层级政府之间进行清晰的划分，这是社会保障财政管理体制的核心问题。但事权划分有横向划分和纵向划分两种不同的方式。前者是按照事权项目进行，即将不同的事权项目在不同层级的政府之间进行划分，不同级次的政府承担不同的事权项目。后者是按照事权要素进行划分，事权具体可以划分为决策权、执行权、监督权、支出权。事权按照要素内容在不同级次政府之间进行划分，哪级政府有决策权，哪级政府有执行权或监督权，在明确相应的执行责任和执行成本的前提下来确定相应的支出责任。② 社会保障事权在中

---

① Albert Breton. A Theory of Government Grants [J]. Canadian Journal of Economics and Political Science. May 1965：31，175 – 187.

② 刘尚希等. 明晰支出责任：完善财政体制的一个切入点 [J]. 经济研究参考，2012（40）：3 – 11.

央政府与地方政府之间的划分有基本的原则，但没有绝对的模式。不同的国家应该在基本的理论原则下根据国家的政治、经济、社会等独特情况，确定具体的模式来协调中央与地方政府之间的社会保障权责。

社会保障的政府提供理论以及社会保障具体项目的政府分层提供理论，实质上是划分政府与市场之间的社会保障责任边界、中央政府与地方政府社会保障责任边界的基础理论。

第三节　财政分权理论

分权是指有关公共职能的权威和责任从中央政府向次级国家政府（即中央以下各级政府）或准独立的政府组织和/或私人部门转移，是一个复杂的具有多重含义的概念。① 从不同角度，可以划分为政治分权、行政分权、财政分权和市场分权等。

财政分权理论是政府间财政关系的重要理论基础，其核心内容在于给予地方政府一定的自主权，以便提供更好的公共产品服务。从某个角度讲，公共产品理论为财政分权理论奠定了基础，财政分权理论是在公共产品理论基础上的再升华和再细化。财政分权理论的发展主要经历了两个重要的阶段。第一个阶段主要是从 20 世纪 50 年代到 90 年代，其中由于蒂布特、奥茨、马斯格雷夫等在理论建设中的先驱性贡献，② 传统财政分权理论又被称为 TOM 理论。第二个阶段是 20 世纪 90 年代，温加斯特、蒙迪诺拉、钱颖一和罗纳德等为代表的学者对第

---

① 杨之刚等. 财政分权理论与基层公共财政改革 [M]. 北京：经济科学出版社，2006：29.

② Charles Tiebout. A Pure Theory of Local Expenditures [J]. Journal of Political Economy, Vol. 64 (5), 1956：416 – 424；W. E. Oates. Fiscal Federalism [M]. New York：Harcourt Brace Jovanovich, 1972；R. A. Musgrave. The Theory of Public Finance [M], New York, McGraw – Hill, 1959.

一代财政分权理论中政府必然有动机致力于公民福利最大化的假设提出质疑,他们认为一个有效的政府结构应该实现官员和地方居民之间的激励相容,这被称为第二代财政分权理论。[①]

虽然财政分权理论各自从一个侧面论证了财政地方分权的必要性,但存在一个共同的不足是,主要是从资源配置的角度去论证地方政府财政分权的必要性,而没有更多从社会稳定、收入再分配等角度去分析财政体制的设计原则。

一 第一代财政分权理论

传统的财政分权理论从多角度论证了地方政府存在的合理性和必要性,解释了为什么中央政府不能够按照每个居民的偏好和资源条件提供公共产品,实现社会福利最大化,从而论证了地方政府存在的合理性和必要性。

1. 蒂布特的"以脚投票"理论

蒂布特1956年发表了《地方支出的纯理论》一文,文中按照七个假设条件构建了地方政府模型。这七个假设分别为:第一,人们自由流动;第二,双重身份者掌握不同地区差异的完全信息;第三,辖区足够多;第四,没有就业限制;第五,不存在外部性;第六,城市管理者根据原住户的偏好来确定服务模式;第七,人口没有达到最优规模的辖区会通过吸引住户来降低平均成本,人口超过则相反。对于每一个服务模式辖区而言,都存在一个最优规模。在可以自由流动的前提下,居民会根据各地方政府提供的公共产品和税负组合的不同,

---

[①] B. R. Weingast . Economic Role of Political Institutions: Market – Preserving Federalism and Economic Development [J]. The Journal of Law, Economics and Organization, 1995, 11 (1): 1 – 31; G. Montinola, Qian and B. R. Weingast. Federalism, Chinese Style: The Political Basis for Economic Success in China [J]. World Politics, 1995 (48); Qian, Roland G.. Federalism and the Soft Budget Constraint [J]. American Economic Review, 1998 (88).

来选择最能满足自己偏好、使自我效用最大化的地方定居。也就是说，居民的流动性会带来地方政府的竞争，一旦地方政府的服务不能满足居民的要求，居民可以通过"以脚投票"的方式，迁移到更好地满足自己的社区，来促使地方政府提高公共产品的提供效率，从而优化资源配置，实现帕累托最优。[①]

蒂布特的"以脚投票"理论以最优理论为基础，理想化地解释了民众为什么会聚集在某个地区生活或生产。该理论也充分体现了经济人自由的假设，人民可以不受政府的摆布，既维护了地方政府与中央政府相互之间的独立性，也维护了居民在选择居住地上的独立性。同时该理论提出了地区之间公共产品供给的公平性问题，成为社会保障转移支付制度的一个重要的理论支点。[②]

2. 马斯格雷夫的分权理论

马斯格雷夫将政府财政职能划分为资源配置、收入分配和经济稳定三大职能，他分析了中央政府与地方政府各自存在的合理性，并对财政职能在不同层级政府之间的划分给出了建议。他认为，财政联邦主义的核心在于，资源配置职能应交由地方政府完成，而收入分配和稳定经济则应该由中央政府来负责。[③] 原因在于，一方面，由于地方政府更了解各地居民的偏好，因此由地方政府来完成会更有利于资源配置的效率提高和地方社会福利水平的优化改善；而地方政府由于财力的有限性，无法有效地对宏观经济稳定实施控制和调节。另一方面，由于经济主体的流动性也会影响地方政府对于收入分配功能的践行，因此宏观经济稳定和收入分配职能应当由中央政府来负责。

---

① Charles Tiebout. A Pure Theory of Local Expenditures ［J］. Journal of Political Economy, Vol. 64（5），1956：416 – 424.

② 柯卉兵. 分裂与整合 ［M］. 北京：中国社会科学出版社，2010：105.

③ R. A. Musgrave. The Theory of Public Finance ［M］. New York，McGraw – Hill，1959：181 – 182.

马斯格雷夫的财政分权理论为诸多国家财政分权及相关的不同层级政府职能划分提供了理论依据和政策指导，同时为许多国家社会保障政府责任划分提供了战略性的思路。这种理论指导在社会保障财政责任上同样得到了具体的落实和体现。比如，尽管社会救助具体管理责任分配有集权与分权的不同形式，但各国社会救助支出责任却大多体现出主要由中央财政承担的特点。这种政策实践正好体现了马斯格雷夫和蒂布特的理论主张。首先，社会救助具有典型的收入分配的职能和功效，因此由中央政府来负责会更有效。如果社会救助完全交由地方政府来负责，救助制度的正"外部性"会导致地方政府提供的实际救助会低于最优水平。其次，按照蒂布特的"以脚投票"理论分析，如果完全由地方政府提供社会救助，很可能会引起穷人向富裕地区的迁徙，从而引发地区间的福利移民。地方政府为了避免成为"福利磁场"从而增加额外的财政负担，必然会调整救助能力和救助程度，从而影响该地区的最佳救助水平。

3. 奥茨的分权理论

奥茨 1972 年在《财政分权理论》中将全部人口分为两个子集——集内同质（偏好相同）、集间异质（偏好不同），中央政府通过平均分配的方式提供公共产品，地方政府会忽略两个子集间偏好不同的问题，从而产生效率损失。在偏好不同的情况下，假如地方政府有了解当地居民偏好的便利和条件，则由地方政府来提供公共产品更能实现帕累托效率。

奥茨早期对 58 个国家进行了统计分析，发现这些国家的财政分权程度与人均实际收入成反比。但到 1993 年，奥茨的观点有所改变。他指出一国的财政分权程度与国民收入之间并不存在简单的线性关系。虽然总体来说，经济发展水平较高的国家财政分权水平也较高，但财政分权除受经济因素影响之外还受到政治体制、文化传统等多重因素的影响，它是个复杂的动态过程。如果一个国家的政治体制不能保证相应的居民诉求得到满足，则由地方政府来提供公共产品的财政分权机制不一定有效。

二 第二代财政分权理论

第二代财政分权理论挑战了第一代财政分权理论中关于政府仁慈而高效的理论假设前提，在政府间财政关系的讨论中更多加入了政治考量和机制设计等因素，认为实现政府官员和地方民众福利之间的激励相容更有助于有效的政府架构的形成。政府官员都会有自己的物质利益需求，如果缺乏约束机制必然就会出现寻租行为。政府应该用某些承诺来提供"正向"和"反向"激励。前者用来防止政府的掠夺性行为，后者用来惩罚预算软约束。[①] 在分权状态下，适当限制上层的权威，减少下层决策者和上层决策者之间过度的信息传递，会对地方政府产生正向激励，因为地方政府能从当地经济繁荣中获益。同时，联邦制分权有助于实现对地方政府的预算硬约束。麦金农通过模型构建发现，货币权力和财政权力的分离是实现预算硬约束的重要原因，而这也正是欧盟货币体系构建的重要动因。[②]

第二代财政分权理论还着重分析了财政联邦主义的可持续性问题。财政分权有助于市场维护，但财政联邦主义持续、稳定地发挥作用，必须具有完备的自我强制机制。一是中央政府必须具有监督地方政府逃避责任的充足的资源；二是地方政府同样具有监督中央政府滥用权力的强制手段。很显然，满足这些条件具有一定的难度和挑战，也就说明财政分权制度的有效性需要其他相关制度配套来予以保证。

---

① 杨红燕. 财政社会保障支出：结构、公平性与影响 [M]. 武汉：武汉大学出版社，2014：69.

② R. I. Mckinnon. EMU as a Device for Collective Fiscal Retrenchment [J]. American Economic Review, Vol. 87 (2), 1997：227 - 229.

第三章 不同时期中国社会保障财政责任及财政社会保障支出状况

财政是庶政之母。财政是政府的经济行为,是国家意志和政府责任的具体体现。履行国家职能需要财政资源,财政资源提供的具体方式决定了个人和国家之间的关系。[①] 中国经济社会的改革一直在财政的支持和辅助之下进行,财政改革为经济社会发展提供了重要的外部环境保障。对于社会保障改革同样如此,我们在社会保障制度改革过程中能清晰地看见财政对其产生重要影响的脉络,不同时期的社会保障的发展方向及改革节奏深受同时期财政改革的定位和取向的影响。

第一节 1949～1979年计划经济时期

一 经济社会及财政背景

新中国成立伊始,百废待兴。为了更好地恢复国民经济和进行

---

① 詹姆斯·M. 布坎南、理查德·A. 马斯格雷夫. 公共财政与公共选择 [M]. 北京:中国财政经济出版社,2000:23.

社会主义改造，国家选择了计划经济体制。计划经济体制具有四个主要特征。第一，以计划为资源配置的基本形式，具有明显的行政强制性，并且影响国民经济的各个层面。第二，政府是企业的直接监管者，其既是国有资产的所有者，又是国有资产的管理者。政府拥有国营企业的人、财、物等各个方面的决策权，企业没有经营自主权。第三，在供产销等各个领域更多是以实物管理为主。第四，利益格局一元化。①

　　财政的目标取决于国家定位，取决于国家所面临的任务。传统的财政制度是在计划经济体制的背景下形成的，是服务于国家计划的财政制度。

　　第一，它是计划型财政，非分权型财政。它具有"统、大、包"的特点，虽然制度中有中央与地方划分问题，但地方政府从根本上是附属于中央政府的，仅仅是中央政府的派出和代理机构，在财政上执行中央下派的收入和支出任务，没有财政自主权，是整个国家计划经济体制的一个组成部分。

　　第二，它是公有制财政，非公共型财政。财政收入基本上来自公有部门，财政支出也基本上用于公有部门。当时的社会基本上是一个公有制经济的社会，公有制又是以国有经济为主体，企业收入是构成国家收入的重要形式，国家财政对企业财务活动的影响也是全方位的。同时，国家财政支出主要面向公有制企业所在的城镇，基本上不直接为农民提供生活补贴、社会保障和福利，农村只能享受到极少的财政支出。

　　在统收统支的计划经济时期，国家财政的汲取能力得到大幅度的

---

① 胡鞍钢、马伟. 现代中国经济社会转型：从二元结构到四元结构［J］. 清华大学学报，2012（1）：16 - 29.

提升，预算内收入和预算外收入合计占 GDP 的比重从 25.46% 逐步上升到 47.6% 左右。[①] 到 1978 年，国家预算内财政收入一半来自国有企业利润上缴，预算外财政收入同样一半以上为国有企业上缴，国有企业上缴利润占国家总收入（预算内财政收入 + 预算外财政收入）的比重高达 62%。在统收统支的计划经济时期，国有企业不仅是生产单位，还是国家财政收入的主要来源，也是国家财政支出的主要去向。国家获取的财政收入大部分又以经济建设支出尤其是重工业建设和投资生产的方式，用于各类国有企业等国有部门，直接用于改善民生的资金只占国家财政收入的很小一部分。1978 年，基本建设资金、企业流动资金、挖潜改造资金等构成财政支出的主要项目，占财政预算内总支出的比重约为 62%。[②]

第三，它是直接参与初次分配的财政，非再分配型财政。财政通过制定工资标准、商品价格等生产要素的定价，直接决定了初次分配的水平。以工资为例，全国工作人员的工资构成基本统一，是以技术、职务、行业、地区四个基本要素为参照标准的按劳分配制度。从支出角度来看，在城镇，附属于单位的居民，其生老病死等一切开支都由单位来承担，并且都有固定水平界定；而在农村，财政除了支农支出和"五保户"支出等少量支出外，几乎没有其他支出。因此，从整体上看，财政几乎不具有再分配的功能，或者说财政的再分配是与初次分配方向一致的再次分配而已。

这种分配格局带来的是在统收统支的计划经济时期，地区经济平衡成效并不显著，没有促进地区经济的均等化。有学者研究表明，在计划经济强化时期（主要为"一五"计划时期和 20 世纪 70 年代上

---

① 张光. 为分税制辩护 [M]. 北京：中国社会科学出版社，2013：38.

② 以上数据为笔者整理而得。资料来源：国家统计局国民经济综合统计司. 新中国五十年统计资料汇编 [M]. 北京：中国统计出版社，1999.

叶），财政基尼系数在高位运行，并且明显高于同时段的 GDP 基尼系数，表明财政体制在地区间的经济差距基础上不但没有缩小反而起到了扩大的作用。相反，在"大跃进"时期和经济困难时期等，财政地方分权有所显现，财政基尼系数反而朝较低的方向运行。①

二　社会保障政府责任及财政责任体现

在计划经济时代，政府承担着城镇居民的社会保障责任，农村则在政府支持下主要依靠集体经济的福利分配及建立在这种分配体制上的合作医疗、义务教育及贫困救济等。② 这个时期的中国是以全国疆域为经，以城镇/农村为纬，建立起二元经济与社会保障体系。③ 该时期的社会保障具有明显的中央集权、国家保障、单位包办、大包大揽、全面负责、封闭运行和惠及家属的特征。

计划经济时期的财政制度，国家财政与企业财务基本上重叠。财政直接介入社会生产和再生产活动，形成了高度集中、统收统支的供给型财政，企业收入构成了国家财政收入的重要形式，同时财政对企业财务活动有着全方位的影响。国有部门的收益要全部上缴给国家，同样其资金需求全部由财政来提供。财政与个人的关系是间接的，都是通过单位来完成。国家对个人的社会保障责任承担集中体现了该种财政关系。

在计划经济时期，社会保险最为重要的法规当属 1951 年颁布实施的《劳动保险条例》，这是一个包括了养老、疾病、工伤、生育等多

---

① 张光. 为分税制辩护 [M]. 北京：中国社会科学出版社，2013：128.
② 郑功成. 中国社会保障改革与发展战略——理念、目标与行为方案 [M]. 北京：人民出版社，2008：76.
③ 施世骏. 社会保障的地域化：中国社会公民权的空间政治转型 [J]. 台湾社会学，2009 (18)：1-32.

方面内容的综合性社会保险法规。《劳动保险条例》明确规定社会保险由企业或者单位进行缴费，个人不承担缴费责任。除此之外，《劳动保险条例》还规定中华全国总工会办理疗养所、养老院、保育院等服务机构，并鼓励举办托儿所等职工福利机构。在当时的社会保险体系中，企业和机关事业单位各成系统，城镇和农村天壤之别。国家机关事业单位除了为职工提供养老、疾病、工伤、生育等基本社会保险服务外，还为其子女和家属提供教育、就业、交通和生活必需品等全方位的服务和保障，保障水平高、保障范围广、福利性强。而在农村地区，农民的社会保障工作多由生产队和村集体负责完成，除了农村合作医疗之外，缺乏其他形式的社会保险项目，这与城市企事业单位全方位的福利保障状况形成了鲜明的反差和对比。严格意义上讲，当时的合作医疗并不能算作正式制度化的医疗保障项目，其覆盖范围小、统筹层次低、抵抗风险能力差，是一种低层次、共济性的过渡医疗保障模式。[①] 这种反差正是当时公有制财政的鲜明特征，公有制财政是企事业财政，是服务于城市的财政，是城市型财政。而这种财政责任承担上的差别，不仅体现在社会保险项目，而且体现在社会救助、社会福利和社会优抚等其他社会保障项目中。

中国真正制度化的社会救助始于 20 世纪 90 年代，计划经济时期的社会救助仅仅表现为临时性的自然灾害救助和生活贫困救助。农村的救助对象主要是自然灾害受灾群众和"五保户"，前者由财政承担救助责任，而后者的资金来源由生产队和村集体自行解决，政府并不提供直接的财政资金支持。城市的救助对象多为经济困难时期的失业工人、政策调整所产生的精简工人及其他城市困难人员。1950 年出台

---

① 张国栋. 社会保障政府责任分置研究［D］. 中国农业大学博士论文，2016.

了《救济失业工人暂行办法》，其中资金来源主要为政府财政拨款、各企业基金费用、社会资源捐助和其他形式资金。1951年民政部门开始开展民政救济福利事业，保障对象主要是无依无靠的城镇孤寡老人、孤儿或弃婴、残疾人等。在军人优抚方面，拥戴军人及保障军人家属权益是基本国策。从1949年新中国成立即颁布《革命军人牺牲、病故褒恤暂行条例》等法规，明示了对革命烈士和军人家属的优待导向，之后随着一系列详细和统一的制度安排建立起对复员军人及军人家属就业等多方面的优待保障，其扶持的方式包括直接津贴和间接税收优惠等多种方式。

三　财政社会保障支出状况

统收统支时期的财政是以国有单位为主要组织单位的国家财政模式时期，与此相对应的，社会保障是国家－单位保障模式。按照艾斯平－安德森的《福利资本主义的三个世界》对三种福利体制的划分依据之一——福利的非商品化程度，即国民对福利给付的获取是否依赖于劳动力市场参与来判断，该时期的社会保障制度商品化程度较高。在计划经济下国家主导、单位负责的模式，劳动力市场参与是获取社会保障的先决条件和重要门槛，而此时存在的家属连保制度仅仅是其附属制度而已。尽管在很多部门尤其是国有部门社会保障非常全面，但是其支出更多是隐匿在单位支出项目中，由单位来负责，而直接通过财政单列项目来负责的支出内容并不占主导，主要是用于抚恤和社会救助等与单位和就业关联度不高的社会保障项目。这就呈现出社会保障尤其是城镇体制内的社会成员社会保障由政府全面负责，与财政支出中用于社会保障方面的金额贫瘠之间表象上的矛盾和冲突。

在整个统收统支的计划经济时期，在国家汲取的财政收入的比例分配方面，绝大部分用于经济建设特别是重工业投资和生产，用于改善人民生活的资金仅占国家财政支出的很少一部分。财政用于社会保障支出项目基本上都核算在"抚恤和社会福利支出"名下。在统收统支时期，全国财政用于抚恤和社会福利支出的金额占财政总支出的比重常年在1%～2%徘徊，最低值为1958年，比重为0.8%，最高是1964年，也仅为4.33%（见表3－1）。同时，支出项目和内容单一，除了一些零星支出项目外，主要支出项目只有三项，分别为抚恤支出（1978年之前离退休费包含在抚恤支出项目中）、社会救济福利费和救灾支出。

表3－1　1952～1978年全国财政用于抚恤和社会福利支出的情况

单位：亿元，%

年份	支出总额	占当年财政总支出的比重	占当年GDP的比重	主要分项目所占比重		
				抚恤支出	社会救济福利费	救灾支出
1952	2.95	1.71	0.43	41.6	22.3	36.1
1953	3.62	1.65	0.44	42.8	21.2	36.0
1954	6.04	2.47	0.70	29.2	17.9	52.9
1955	4.94	1.88	0.54	41.1	25.3	33.6
1956	5.67	1.90	0.55	30.9	28.4	40.7
1957	5.29	1.79	0.50	28.7	25.7	45.6
1958	3.22	0.80	0.25	37.2	35.7	27.1
1959	4.41	0.81	0.31	25.2	26.5	48.3
1960	7.94	1.23	0.54	18.4	27.1	54.5
1961	10.94	2.83	0.83	14.4	24.2	61.4
1962	8.14	2.77	0.71	21.3	29.4	49.3
1963	10.15	3.06	0.82	19.0	27.6	53.4

续表

年份	支出总额	占当年财政总支出的比重	占当年GDP的比重	主要分项目所占比重		
				抚恤支出	社会救济福利费	救灾支出
1964	17.04	4.33	1.17	12.1	16.8	71.1
1965	10.94	2.38	0.64	21.1	26.7	52.2
1966	9.21	1.71	0.49	24.6	23.8	51.6
1967	8.16	1.86	0.46	29.9	35.7	35.1
1968	5.61	1.57	0.33	35.1	—	—
1969	6.67	1.27	0.34	34.5	—	—
1970	6.53	1.01	0.29	40.1	59.1	—
1971	6.83	0.93	0.28	38.2	39.4	22.4
1972	8.15	1.06	0.32	34.4	36.2	29.4
1973	9.97	1.23	0.37	33.3	32.9	33.8
1974	9.16	1.61	0.33	38.1	37.1	24.8
1975	12.88	1.57	0.43	21.4	26.9	51.7
1976	24.07	2.99	0.82	17.2	16	66.8
1977	18.76	2.22	0.59	24.7	20.2	55.1
1978	18.91	1.69	0.52	27.9	24.4	47.7

注：数据为笔者整理而得。其中，由于1968~1970年在财政统计资料中没有救灾支出项目，因此没有统计在内。

资料来源：《新中国五十年统计资料汇编》[M]．北京：中国统计出版社，1999.

　　从整体"抚恤和社会福利支出"项目支出结构来看，最主要的支出项目并不是常规的抚恤支出和社会救济福利费，而是临时性、突发性的救灾支出。1952~1978年这27年间，救灾支出有16年是当年最大的抚恤和社会福利支出项目。这种支出结构并不仅仅发生在新中国成立初的经济困难时期，在1975~1978年统收统支时期最后四年中救灾项目同样连续为最大的支出项目。这16年中，有10年救灾支出比重占抚恤和社会福利总支出的 50% 以上，最高的 1964 年达到 71.1%。[①] 在统收统支的 30 年间，由于每年灾情不同，救灾数据变动较大，最低为 0.87 亿元，最高为 16.06 亿元。其中有两个支出高峰。一是从 1959 年开始到 1964 年，在三年困难时期，救灾支出显著上升，并带动抚恤支出和社会救济福利费明显增加，直到 1965 年基本稳定并开始有所下降。二是 1976 年唐山大地震，当年救灾支出达到 1958~1978 年的峰值 16.06 亿元，并在之后都保持较高水平。

在统收统支的 30 年间，抚恤支出项目变化不大，最低为 1.11 亿元，最高也仅为 4.64 亿元，显著低于同时期的财政支出增长率和 GDP 增长率。社会救济福利费同样如此，最低为 0.66 亿元，最高为 4.62 亿元，最常见的支出水平是 2 亿~3 亿元。这表明在改革开放之前，真正用于常态化、制度化的民生支出数额并非主要支出内容，而与自然抗争的救灾项目成为最大的支出对象。随着经济发展、财政体制调整和社会保障制度的建立和完善，救灾支出的项目所占比重有所下降，但在较长时间内仍然是较为重要和突出的支出项目，在 1985 年之前，所占比重仍然在 30% 以上。

在抚恤和社会福利支出中，仅社会救济福利费中有用于农村社会的常态支出，但支出比重甚是微小，用于农村社会的支出占抚恤和社会福利支出的平均支出水平为 12.24%，很显然与当时 80% 以上的人口为农村人口严重不成比例。不仅抚恤和社会福利支出如此，其他农村生产支出和事业费支出也是如此，支出比例最高的年份仍不足 10%，这种支出格局和中国当时的二元经济结构及社会保障与就业关联的社会政策密切关联。

---

① 特大自然灾害唐山大地震发生的 1976 年，救灾支出总额为 16.06 亿元，占当年总支出的 67%。

第二节　1979～1998 年变革中的社会保障时期

一　经济社会及财政背景

20 世纪 70 年代末，中国经济进入了举步维艰的地步，必须进行全面改革。改革从何入手？给予地方政府财政自主权成为改革僵硬的中央计划体制的一个重要的突破口。[①] 1977 年江苏率先试行固定比例包干的财政管理体制。党的十一届三中全会召开后，中央决定以财政体制改革为突破口对经济体制进行全面改革，并确立了经济建设的工作重点。虽然在改革早期，改革的重点是农村，但很快改革重心从农村转移到城市，增强企业活力成为扭转中国经济改革全局和财政经济的关键，并通过财税体制的改革来带动中央、地方、企业、劳动者的主动性和积极性。1979 年邓小平在一次高级别座谈会上明确指出，"财政体制，总的来说，我们是比较集中的。有些需要下放的，需要给地方上一些，使地方财权多一点，活动余地大一点，总的方针应该是这样"。[②] 放权让利成为该时期改革的主旋律，在 20 世纪 80 年代到 1990 年前后这十几年的时间，造成中国宏观经济呈现猛升骤降的非稳定状态及地方利益集团"块块"机制的形成。改革开放的中国由封闭走向开放，即暗合"社会"从"国家"体制中逐步获得解放，同样见证了"社会"从"社会主义"中被发现的过程。[③] 同时户籍管制也开始松动，逐渐在城乡之间出现了另外一个社会群体即流动人口，并产生了相应的问题，逐渐成为日后社会政策和社会保障的重要治理对象。

①　张光．为分税制辩护 [M]．北京：中国社会科学出版社，2013：25．
②　邓小平．邓小平文选（第二卷）[M]．北京：人民出版社，1994：199－200．
③　熊培云．重新发现社会 [M]．北京：新星出版社，2010：6．

从 1980 年开始，财政管理体制进行了一系列改革，基本原则就是改变统收统支模式，对地方放权让利，政府间财政关系转变为"分灶吃饭"。在"分灶吃饭"的财政体制下，地方政府被赋予相对独立的财权和经济决策权，同时收入划分、责任划分和转移支付制度初现雏形，浮出水面。包干制在执行过程中也经历过多次调整，但总体原则是一致的，即"统一领导、分级管理""划分收支、分级包干"，中央和地方有各自明确的财政收入和支出范围，落实权责结合，充分发挥中央和地方两方面的积极性。对于地方收支不平衡的地区中央有定额补助和专项补助，这无疑属于中央对地方转移支付的范畴，是转移支付的早期模式。

这一时期的财政管理体制有力地调动了地方政府的积极性，扩大了地方的财权，增强了地方的责任心，激励地方增收节支，为地方经济发展提供了有利的财政条件。财政包干制推动了地方的财政竞争，地方经济活力因此得到增强。同时两次"利改税"改变了过去按照企业隶属关系划分收入的做法，实现了以税种为各级财政收入的依据，迈向了从"自产国家"向"税收国家"[①] 的渐进转型之路，并且也为后来的分税制奠定了税制基础。

包干制是财政分权在中国改革的开始。从财政数据上看，预算内财政收入占 GDP 的比重、预算内和预算外财政收入总和占 GDP 的比重，1978 年分别为 31.2% 和 40.82%，到 1992 年下降为 13.1% 和 27.55%，这表明财政收入相对规模在明显收缩，分享国民财富的比例在下降，在财富分配上呈现出"国退民进"的节奏。同时，财政支出结构也发生了明显的调整和变化，用于经济建设方面的支出从 1978 年

---

① 财政社会学将现代国家类型分为"税收国家"、"自产国家"和"租金国家"三类，差别在于财政来源分别为私人部门税收、国有企业利润和自然资源租金。

的 61.53% 下调为 33.53%，而用于文教科学卫生的支出及抚恤和社会福利等民生方面的支出从 11.63% 上升至 25.02%。诸多民生支出由地方政府来具体执行，财政向民生的支出倾斜与财政分权所带来的地方财权上升之间有一定的关联度，尤其从 1985 年开始，地方财政支出占预算内支出的比重明显上升，到 1992 年达到 68.7%。[①]

但是，1980 ~ 1993 年长达 13 年的财政包干制逐渐暴露出许多问题。

第一，财政包干制过于强调地方政府组织财政收入积极性的调动，收入增量过于向地方政府倾斜，导致中央政府收入缺乏弹性，不能随着经济增长而增长，中央财政占全国财政总收入的比重持续下降。在包干制前期中央财政收入占全国财政收入的比重曾一度有所上升，从 1980 年的 25.5% 上升为 1984 年的 40.5%。但之后随着具体包干办法的调整，该比例快速下滑，到 1993 年仅有 22%。由于中央财政收入严重不足，从 80 年代末到 90 年代初，甚至出现过两次中央财政向地方财政"借钱"的情况，[②] 严重影响了中央政府的宏观调控能力。我国的社会保障社会化改革起始于 1986 年，也就是说社会保障社会化改革是在财政高度分权化、财政地方当政的基础上开始的。

第二，财政包干制下政府之间的财政关系仍然是一种讨价还价的关系，不利于政府间关系的规范化，同时财政包干意味着对地方的放权，一定程度上催生了预算外收入和制度外收入的扩大，不利于财政收入的制度化管理。政府在经济社会管理中呈现出退却的局面，这种退却并不是精简政府和放松管制，也无助于明晰政府与市场边界，与

---

① 上述部分数据根据相关年度《统计年鉴》计算而成，部分数据参考张光. 为分税制辩护 [M]. 北京：中国社会科学出版社，2013：27。

② 马国川. 共和国部长访谈录 [M]. 北京：生活·读书·新知三联书店，2009：291.

经济发展所需的公共支出和公共管理方向更是相悖。[①] 这种退却一定程度上造成了 1986 年左右开始的社会保障社会化改革走上了无序和地方分治的状态。

第三，财政包干制其实是一种扩张的财政政策，它与同期国有企业实行承包经营责任制以及价格形成机制的改革共同作用，推动了社会投资规模的高涨，导致通货膨胀率呈现逐渐走高的趋势。1992 ~ 1993 年大宗生产资料价格上升 40%。1993 年的通货膨胀率达到 13.2%，1994 年的通货膨胀率高达 21.7%。[②]

包干制财政体制所带来的一系列问题，推动了 1994 年开始进行分税制改革。1994 年是中国经济社会发展的重要年份，是中国市场经济体制的开启之年，党的十四届三中全会出台了《关于建立社会主义市场经济体制若干问题的决定》（以下简称《决定》），确立了中国市场经济的目标模式，同时《决定》中将社会保障界定为市场经济体系的五大支柱之一。

分税制显著提升了财政收入占 GDP 的比重和中央财政在财政总收入中的比重，政府的财政调控能力明显提高。分税制带来的作用远远超过税制和政府收入层面，更多是通过推动相关的经济社会体制改革和政府间财力的重新分配对政府行为的影响而产生的。[③] 分税制所带来的财力增强，为后续社会保障政府责任的回归以及社会保障进入快速建设和发展时期提供了相应的稳定资金支持和制度保障。

二　社会保障政府责任及财政责任体现

随着统收统支时期国家和企业分配关系的逐渐改变，国家和企业

---

① 付敏杰. 分税制二十年：演进脉络与改革方向 [J]. 社会学研究，2016 (5)：215 - 240.
② 杨志勇、杨之刚. 中国财政改革 30 年 [M]. 上海：格致出版社，2008：144.
③ 付敏杰. 分税制二十年：演进脉络与改革方向 [J]. 社会学研究，2016 (5)：215 - 240.

之间的"父子"关系以及企业与职工之间的关系也在发生蜕变。在传统的单位医疗保障制度下，企业职工的劳保医疗和退休金均由单位承担，正是这样的制度安排，给企业尤其是老、重工业企业带来了沉重的经济负担，也影响了企业的公平竞争。因此，在国家正式决定推进经济体制改革后，与计划经济体制相适应的国家 - 单位保障制度也只能走上制度变革的必由之路。[①]

在 1978 年开始改革开放到 1998 年社会保障进入快速发展的 20 年间，社会保障变革可以划分为三个阶段：一是 1978～1985 年社会保障制度变革前期；二是 1986～1993 年开始变革时期；三是 1994～1998 年加速变革时期。在不同的社会保障变革阶段，政府责任也在变化。

1. 1978～1985 年社会保障制度变革前期

除了《关于职工退休、退职的暂行办法》《关于建立老干部退休制度的规定》《城市流浪乞讨人员收容遣送办法》等制度的颁布，建立了老干部正常退休制度和"离休"制度，提高了退休待遇等方面外，原有的社会保障模式基本维持不变。政府通过直接或间接的方式在国有部门承担了全方位的保障责任。

早期经济改革从农村开始，同样农村社会保险改革也先于城市。1979 年出台了《农村合作医疗章程》，对农村合作医疗制度进行规范，并对合作医疗的发展与完善加以探索，掀起了第二次合作医疗高潮。从 1992 年开始，在进行试点的基础上，全国许多农村地区开始办理农村社会养老保险。由于管理不善，农村人口老龄化加速以及没有得到国家和政府财政的足够支持等因素，这些制度试点最终走向停滞。可见，不管是在统收统支的计划经济时期，还是在改革开放前期，社会保障城乡二元分立的体制都没有发生改变，直到 1998 年前后公共财政

---

① 郑功成. 中国社会保障改革 30 年［M］. 北京：人民出版社，2008：8.

实施后才开始得到实质性缓解。

2. 1986～1993 年，社会保障进入转型时期，政府社会保障责任在发生改变

1986 年是中国社会保障制度转型的标志性年份。在宏观层面上，1986 年"七五"计划施政纲要中第一次出现了社会保障的概念，社会保障社会化正式列入国家发展计划。另外，相关的社会保障改革措施密集出台，社会保障开始逐渐从国家－单位保障模式转变为国家－社会保障模式。

1986 年，在广东东莞、江门等地区开始养老保险前期试点的基础上，国务院颁布了《国营企业实行劳动合同制暂行规定》和《国营企业职工待业保险暂行规定》，规定合同制工人的退休养老实行社会统筹，确立了企业和个人分别承担缴费义务，正式确立国家、企业、个人三方负担的原则。在此之后医疗保险也进行了相应的改革探索。在社会保险改革中，覆盖面在逐渐扩大，由国有部门扩大到集体经济，社会保险体系逐渐完善。但更为明显的是，除了机关事业单位之外，政府责任逐渐从公民的社会保险退出，更多地引入社会和个人机制，双轨制在逐渐呈现。另外，与当时的财政包干各地模式差异化相同的是，养老保险等制度也同样存在各地统账结合模式不一的状况。分灶吃饭制度下的"诸侯经济"，各自为政，自成体系，中央政府财力匮乏，不可能对全国统一的社会保障制度提供财力支持。在这样的宏观经济背景下，1986 年开始的中国社会保障社会化改革初期呈现出明显的分散化、碎片化和地域化特点，形式多样，统筹层次低下，并且造成后来的社会保障制度改革一定的路径依赖和改革深化的障碍。

在社会救助和社会福利方面，1984 年国家颁布了《关于帮助贫困地区尽快改变面貌的通知》，将扶贫列入国家议程，开始将城市流浪人员纳入收容、遣散和救助范围之内，同时残疾人福利基金会、残疾

人协会和聋人协会先后成立，对残疾人就业创业给予政策支持。

3. 1994～1998 年，社会保障制度社会化逐渐成形时期

党的十四大开启了以建立社会主义市场经济体制为目标的改革征程，党的十四届三中全会把社会保障制度列为社会主义市场经济体制基本框架的五大支柱之一，标志着我国的社会保障制度改革进入一个重大转折时期。党的十四届三中全会明确提出了建立社会保障制度的基本原则、主要任务和总体目标，确立了实行社会统筹与个人账户相结合的基本养老保险和医疗保险制度模式，要求进一步健全失业保险制度，普遍建立企业工伤保险制度，建立政事分开、统一管理的社会保障管理体制。经过改革试点，1994 年颁布的《中华人民共和国劳动法》设立独立章节对社会保险进行了规定。1994 年和 1996 年劳动部先后颁布《企业职工生育保险试行办法》和《企业职工工伤保险试行办法》，规范建立了社会化的职工工伤、生育保险制度。1995 年国务院转发民政部《关于进一步做好农村社会养老保险工作的意见》，提出探索建立以农民个人缴费为主、集体缴费为辅、国家政策扶持的农村社会养老保险制度（老农保）。1997 年国务院发布关于建立统一的企业职工基本养老保险制度的决定，规定了统一的缴费比例、个人账户规模、基本养老金计发办法和基金管理办法。①

随着 1994 年分税制实施，之前财政收入占 GDP 和中央财政收入占财政总收入双低的状况得以改观，中央政府的宏观调控和均衡能力开始加强。带有明显分裂和过渡色彩的城镇职工养老保险制度和医疗保险制度在 1997 年和 1998 年得以统一和整合。与此同时，作为社会保障制度中重要组成部分的社会救助制度化，但本阶段更多是前期完成制度上的确立和统一，在政府资金投入上并没有明显的变化和改

---

① 尹蔚民. 建立更加公平可持续的社会保障制度 [N]. 人民日报，2013 - 12 - 20.

善。1995 年社会支出仅为当年 GDP 的 2.6%，公共教育支出比重减少到 1.5%，远低于同时期亚洲其他国家以及世界中低等收入国家的平均值。[①] 但 1998 年之后，社会支出水平偏低，公共财政在教育、医疗和社会保障领域支出不足等结构性缺陷开始悄然地发生变化。不过，很有意思的是，虽然后期民生性财政支出中的教育、卫生和社保支出等总额都有明显的上涨，但是除了社会保障支出从 1994 年仅为 1.64% 上升到 2006 年的 7.5% 外，另外两项支出占财政总支出的比重不但没有上升反而有所下降，可见分税制改革后一段时间内民生财政支出仅因为财政规模的扩大而实现了绝对规模的扩大，但在政府财政支出结构上的格局并没有发生改变，社会保障可能是唯一例外。[②]

三 财政社会保障支出状况

从 1978 年开始，国务院颁布了《关于安置老弱病残干部的暂行办法》等一系列离退休法规，这意味着离退休制度的完善，加强了国家养老模式下的养老保险制度的建立和管理。随之而来的是，在财政支出中，"离退休费"从"抚恤支出"中分离出来，成为单独的列支项目。

由表 3-2 可知，从财政用于抚恤和社会福利支出总额来看，1979 年为 22.11 亿元，1994 年上升为 95.14 亿元，但支出比重没有显著变化，基本维持在 1.6%~1.9% 的较低水平，甚至在后期支出比重还略有下降。不过在支出结构上发生了明显变化，抚恤支出和离退休费合计（即统收统支计划经济时期的"抚恤支出"）从 1979 年的 29.24% 直线上升，到 1994 年两者合计占比达到 47.1%，而之前的"支出大

---

① 付敏杰. 分税制二十年：演进脉络与改革方向［J］. 社会学研究，2016（5）：215-240.
② 张光. 中国政府间财政关系的演变（1949-2009）［J］. 公共行政评论，2009（12）：26-57.

户"救灾支出比重开始缓慢下降。这些表明，在经济发展和国力逐渐加强的背景下，财政社会保障支出更加制度化和常规化，不再仅仅用于救灾性支出，而是开始真正转向民生方向。

表 3 – 2　1979～1997 年全国财政用于抚恤和社会福利支出情况

单位：亿元，%

年份	支出总额	占当年财政总支出的比重	占当年GDP的比重	主要项目所占比重			
				抚恤支出	离退休费	社会救济福利费	救灾及其他支出
1979	22.11	1.72	0.55	16.14	13.1	24.47	46.31
1980	20.31	1.65	0.45	22.2	16.8	26.4	34.6
1981	21.72	1.91	0.45	20.9	15.8	23.4	38.5
1982	21.43	1.74	0.41	22.7	16.2	25.4	35.6
1983	24.04	1.71	0.41	22.4	15.1	27.4	35.1
1984	25.16	1.48	0.35	24.6	14.5	31.5	29.4
1985	31.15	1.55	0.35	22.9	15.7	24.8	36.7
1986	35.58	1.61	0.34	24.6	16.2	24.4	34.7
1987	37.40	1.65	0.31	26.4	17.9	24.2	31.6
1988	41.77	1.68	0.28	27.1	18.2	23.3	31.4
1989	49.60	1.76	0.29	29.1	17.3	21.8	37.8
1990	55.04	1.78	0.30	30.2	17.4	21.8	30.4
1991	67.32	1.99	0.31	25.6	15.3	19.8	39.5
1992	66.45	1.78	0.25	27.8	18.7	21.6	31.9
1993	75.27	1.62	0.22	27.8	18.7	22.6	31.1
1994	95.14	1.64	0.20	26.0	21.1	21.6	31.2
1995	115.46	1.69	0.20	25.2	19.7	20.9	34.1
1996	128.03	1.61	0.18	25.6	8.3	22.6	43.4
1997	142.14	1.54	0.19	26.5	9.5	25.7	38.3

资料来源：笔者根据《新中国五十年统计资料汇编》（北京：中国统计出版社，1999）整理而得。

在传统保障制度体制下，城镇职工医疗保障由劳保医疗和公费医疗两部分组成。企业实行劳保制度，医疗费用从企业的职工医疗费中支付，职工医疗费计入企业成本；公费医疗制度在机关事业单位实行，医疗费用由财政定额拨付。也就是说，在传统的单位医疗保障制度下，企业职工的劳保医疗和退休金均由企业承担，财政没有承担任何支出责任。正是这样的制度安排，给企业尤其是老、重工业企业带来了沉重的经济负担，也影响了企业的公平竞争。

1978年开始的财政体制改革开始尝试财政分权，中央政府和地方政府相应在各自的收支范围内各司其职、各负其责。在1980年和1984年出台的细则中，都进一步明确了划分的具体内容。如果说1998年在亚洲金融危机的背景下中国政府第一次主动地采取积极的财政政策即扩张性财政政策，那么1978年的改革开放开启背景下的财政体制调整则是非主动意识下的扩张性财政政策实施。

总体来看，在改革开放后的20年中，财政社会保障支出总额明显上升，但其占财政支出总额的比重和GDP的比重不升反降，不论是财政社会保障水平还是社会保障水平都处于极低的状态，最低值出现在1997年，分别为1.54%和0.19%，基本可以忽略不计。在此期间，并没有体现出社会保障支出水平与国民经济发展同步增长的态势。其实，不仅社会保障支出如此，教育和医疗卫生等社会支出同样明显支出不足，这成为中国财政体制中一个历时悠久的结构性缺陷。[①] 这也凸显出当时的社会政策缺失或者说社会政策服务于经济发展的政策格局。

---

① OECD. 中国公共支出面临的挑战：通向更有效和公平之路 [M]. 北京：清华大学出版社，2006：32.

第三节　1998 年之后快速发展的社会保障时期

一　经济社会及财政背景

进入 20 世纪末期，随着国民经济的增长和分税制的实施，政府掌控和调配社会资源的能力大幅上升。与此同时，国民意识的提高以及社会分配等深层次问题的出现，推动政府意识到民生服务、社会建设等非经济建设领域在国家发展过程的重要性。因此，中央政府将维护自身正当性的基础从"促进经济发展的单柱模式"转向"提高社会福利与促进经济发展共存的双柱模式"。[①] 在多重经济社会背景下，1998 年之后，社会保障进入建设完善高峰期，政府也重拾在社会保障建设方面的不可缺少的重要责任。

在经历了改革开放 20 年之后，国民经济总量有了大幅提升，经济体制改革取得较大成就。但与此同时，由于国有企业产权改革所带来的职工大量下岗以及由于过于注重经济发展而造成的社会分配不公等因素，社会矛盾也在积聚和上升。政府的政策导向开始从单纯追求经济效率转向注重社会公平，从单纯注重经济建设转而兼顾社会建设。此外，经历了改革开放，民众追求自身权益保护和表达诉求的意愿在上升，社会组织也蓬勃发展。

1994 年实行分税制改革之后，财政收入占 GDP 的比重在惯性作用下下降一年之后开始上升，并在 1998 年达到 20% 以上，1999 年财政收入总量第一次超过一万亿元，一改 90 年代初财政窘迫的状况。从公共财政规模来看，我国 1999 年财政收入总规模突破了一万亿元，并在此之后收入规模突飞猛进，尤其是 2000～2008 年，每年几乎都是两位数的

---

① 郑杭生. 社会公平与社会分层 [J]. 江苏社会科学，2001 (3)：29-34.

增长率，最高的年增长率达到 32.4%。随着经济增长和财政收入的提高，财政支出结构也在发生明显的改变，包括社会保障在内的社会支出占 GDP 的比重大幅提高。马斯格雷夫的阶段论终于在中国发展进程中开始得到印证。正如马斯格雷夫的财政支出阶段论所指出的那样，在工业化早期，财政支出的主要方向是经济建设，随着工业化进程的推进，在工业化中期及后期，财政支出会逐渐转向社会文化支出和福利支出。而中国在 1998 年确定的公共财政的方向正是对该理论的实践解读，对财政支出方向和支出结构进行的调整。中国公共财政正在发生一个前所未有的、具有重大意义的结构性转型，这也是中国政府的发展战略从单方面注重经济增长转向重视经济社会协调发展的一个实际结果。[①]

同时，中央和地方的财政支出结构发生了改变。由于分税制的实行，中央政府占财政总收入的比重明显上升，地方政府的比重相应下降，中央政府对地方政府的财政转移支付随之增加。数量庞大的自上而下的财政转移支付，是分税制后中央和地方关系中一个最为重要的特点。[②] 转移支付由一般转移支付和专项转移支付构成。一般转移支付按一定的公式进行分配，中央政府官员几乎没有自由裁定的权力。但专项资金是由地方逐级向上级政府提出申请，最终由中央政府主管部门具体执行和下发。中央专项补助资金分布在诸多项目中，几乎每个部委都掌管着规模不等的专项资金，引发"跑步（部）前（钱）进"现象。"跑步（部）前（钱）进"是围绕专项资金进行的博弈。中央政府官员在博弈过程中无疑占据较为主导和有利的位置。专项转移支付的增加显然会更加符合中央以及地方上级政府官员的利益诉

---

① 顾昕、孟天广. 中国社会政策支出的增长与公共财政的结构性转型 [J]. 广东社会科学，2015（6）：183 – 192.
② 周雪光主编. 国家建设与政府行为 [M]. 北京：中国社会科学出版社，2012：185.

求。① 另外，由于监管上的不可及和地方政府对经济发展的热衷，很多县级政府将来自上级部门的均衡性转移支付也大量用作行政管理费和生产建设支出。在社会保障转移支付中，专项转移支付的比重很高，一度达到转移支付总额的60%以上。

二　社会保障政府责任及财政责任体现

1998年之后社会保障体系逐渐确立和完善，社会保障在完成了由政府企业保障向社会保障变革进程之后开始迈向由职工保障向城乡全体居民保障，社会保障进入全面覆盖、城乡统筹、全面发展的时期。② 1998年也是公共财政确立的年份。公共财政是与国家经济建设财政相对立的财政制度选择。公共财政是为市场提供公共服务的财政，是要为所有的市场主体提供"一视同仁"服务的财政体系。③ 从某种意义上讲，1998年的公共财政的确立为社会保障制度的完善提供了保障，是推动社会保障实现全民覆盖、城乡统筹的制度基础。

如果从公共产品的外部性和市场统一等多角度来看，在社会保障领域，财政最应该承担的责任莫过于基本养老保险、社会救助和社会优抚。与另两项所不同的是，政府对于社会优抚的责任不言而喻，虽然仍存很多不足，但是政府责任从未缺失。

1998年之后，社会保障财政责任主要表现在以下几个方面。

1. 为城镇职工养老保险等传统社会保险制度及新型社会保险项目提供财政补贴

由于之前中央政府对于养老保险制度并没有制定统一的制度模式，任由地方政府各自选择，制度运行具有明显的试点和过渡性质，

---

① 张光. 为分税制辩护［M］. 北京：中国社会科学出版社，2013：38.
② 尹蔚民. 建立更加公平可持续的社会保障制度［N］. 人民日报，2013 - 12 - 20.
③ 高培勇主编. 中国财政经济理论前沿（4）［M］. 北京：社会科学文献出版社，2005：6.

产生了制度效率低下、影响制度长远发展的后果。中央政府在 1997 年颁布了《建立统一的企业职工基本养老保险制度的决定》，意味着城镇职工基本养老保险制度进入新的时期。同时在 1998 年，由于部分省份城镇职工养老保险基金开始出现收支压力，中央政府开始进行专项财政补贴，初始金额为 24 亿元，之后补贴数额逐年增加，到 2013 年底各级财政补贴已经上升到 3019 亿元，1998 ~ 2013 年累计补贴数额达到 18338.9 亿元。具体可参见表 3 - 3。

表 3 - 3　1998 ~ 2013 年历年各级财政对城镇职工基本养老保险的补贴

单位：亿元

年份	中央财政补贴	地方财政补贴	各级财政补贴合计
1998	24.0	0	24.0
1999	174.4	18.5	192.9
2000	338.0	27.7	365.7
2001	349.0	53.5	402.5
2002	408.2	46.6	454.8
2003	474.3	55.7	530.0
2004	522.0	92.0	614.0
2005	544.0	107.0	651.0
2006	774.0	197.0	971.0
2007	918.0	239.0	1157.0
2008	1127.4	309.6	1437.0
2009	1326.2	319.8	1646.0
2010	1561.0	393.0	1954.0
2011	1846.9	425.1	2272.0
2012	2173.7	474.3	2648.0
2013	2669.0	350.0	3019.0
合计	15229.7	3108.8	18338.9

资料来源：历年《中国财政年鉴》、历年《中国劳动统计年鉴》、历年劳动和社会保障事业发展统计公报。

在新型社会保险项目确立之前，按照艾斯平－安德森的福利体制三分法的划分标准，中国的社会保险是与就业紧密关联的，是高度注重效率而不关注公平的福利模式。① 我国在新型社会保险出台之前的传统城镇职工社会保险是典型的效率型社会保险模式，其商品化程度很高，企业和个人承担更多社会保险责任。但 2003 年新农合开始试点之后，这种高度商品化的模式开始改变，与就业关联度不高的普通城乡居民开始成为新型社会保险的服务对象，同时政府承担了较为主要的缴费责任，其成为继城镇职工养老保险之后又一个重要补贴对象。社会保障开始真正践行"全面覆盖、城乡统筹"的发展理念，这是公共财政公共化的具体体现，即无城乡差别、无所有制差别。

在 1998 年之后，随着公共财政的确立，随着社会保障"全民覆盖、城乡统筹"发展理念的树立，2003 年新型农村合作医疗开始试点、2009 年新型农村养老保险开始试点、2007 年城镇居民医疗保险开始试点、2011 年城镇居民养老保险开始试点。由于它们与之前的城镇职工社会保险制度存在诸多不同，因此将这些社会保险制度称为新型社会保险制度或"新型社会保障制度"。政府在新型社会保障制度建设中起到重要的主导作用，不仅体现在法律制定、监管实施等方面，更重要的是体现在财政补贴方面。从表 3-4 可见，2010 年以来用于新型农村合作医疗的财政补贴就达到 8304.75 亿元，而用在所有新型社会保险的财政补贴总计高达 17934.36 亿元。

同时，保障水平也明显提高。城镇职工基本养老保险的月平均基本养老金发放水平在 2015 年已经超过 2200 元，是 2010 年的 1.7 倍。2014 年城镇职工医保、城镇居民医保和新农合住院费用的报销比例与

---

① 潘锦棠、张燕. 社会保障中的平等公平效率 [J]. 国家行政学院学报，2015（6）：61-66.

2010 年相比，平均提高约 10 个百分点。城市和农村低保平均支付标准分别从 2010 年底的 251 元/人/月和 117 元/人/月，提高到 2014 年的 411 元/人/月和 231 元/人/月。①

表 3 - 4　2010~2015 年新型社会保障制度的财政补贴状况

单位：亿元

年份	新型农村合作医疗保险	新型农村养老保险	城镇居民养老保险	城镇居民医疗保险	城乡居民养老保险
2010	1041.83	240.09	—	193.93	
2011	1738.65	649.41	—	358.49	
2012	2035.10	932.91	107.82	469.16	
2013	2428.70	1096.38	138.78	578.24	
2014	2732.12	—	—	676.39	1348.94
2015	3096.15	—	—	985.59	1853.48
合计	8304.75	2918.79	246.6	3261.8	3202.42

注：2014 年新型农村养老保险和城镇居民养老保险实现城乡统筹，合并为城乡居民养老保险，相应的财政补贴由之前的两个项目合并为一个项目。

资料来源：历年全国公共财政支出决算。

2. 建立全国社会保障战略储备基金

2000 年 8 月，中央政府决定建立"全国社会保障基金"作为养老保险基金的战略储备，以应对未来的支付缺口，并成立"全国社会保障基金理事会"来负责管理运营，财政初始拨入金额为 200 亿元。截至 2015 年末，财政性拨入全国社保基金资金和股份累计 7279.38 亿元，其中：中央财政预算拨款 2698.36 亿元，国有股减转持资金和股份 2563.17 亿元（减持资金 863.19 亿元，境内转持股票 940.36 亿元，境外转持股票 759.62 亿元），彩票公益金 2017.85 亿

---

① 楼继伟. 建立更加公平更可持续的社会保障制度 [N]. 人民日报，2015 - 12 - 17.

元。扣除实业投资项目上市时社保基金会作为国有股东履行减持义务累计减少国有股 13.56 亿元，以及用于四川地震灾区工伤保险金补助财政调回 6.80 亿元，财政性净拨入全国社保基金累计 7259.02 亿元。①

①划转国有资本充实社会保障基金的缘起。

通过国有资产的划转来充实社会保障基金是完全符合经济逻辑的。我国的基本养老保险制度市场化改革始于 1986 年，其出发点在于为国有企业改革服务。

在国有企业改革之前，职工与国有企业即政府之间的隐性契约是以在职时的低工资来换取高福利和高保障，即稳定的工作及企业支付退休金、医疗保障和有限的福利住房等。随着经济改革和国有企业改革的推进，企业可能破产，职工出现下岗，这就相当于国有企业和职工之间的原有契约模式被政府单方面打破。职工在职时的低工资所形成的一部分国有资产，从产权上应该是属于为这部分国有资产积累做出贡献的老职工。如果说国有企业改革和养老保险改革是历史的必然，那么划转一部分国有资产来充实社会保障基金，则既符合经济逻辑也体现政府遵守契约的精神。正如吴敬琏老先生指出的："国家是否偿还曾为国有资产的存量积累做出过贡献、又往往在经济改革利益重组过程中受到利益损失的老职工的这笔欠账，是一个关乎数以亿计的老职工的基本权益和政府政治信誉的重大问题。"②

早在社会保障改革初期，就有学者提出"切一块"的思路，即从国有资产中切出一块来，补偿政府对国有企业老职工养老保险的隐性

---

① 数据来源：全国社会保障基金理事会基金年度报告［EB/OL］. 全国社会保障基金理事会官方网站，http://www.ssf.gov.cn/cwsj/ndbg/201606/t20160602_7079.html.

② 吴敬琏. 国有股减持要解决的问题［J］. 财经，2002（1）.

负债，做实老职工的个人账户。该种方案遭到政府职能部门的反对，最终采用了"大社会统筹＋小个人账户"的模式，用社会统筹部分来养"老人"。但很快各地就出现了社会统筹不足以支付老职工养老金的现象，因而开始挪用现有职工的个人账户。1999年，个人账户被挪用的资金超过1000亿元。与此同时，财政开始补贴基本养老保险的收支缺口，1998年为24亿元，1999年为192.9亿元，2000年为365.7亿元，补贴金额逐年快速增长。①

1998年，随着国有企业改革的深入，每年涌现出几千万的下岗职工。由于没有参加养老保险或者参保年限没有达到领取养老金的法定年限等原因，这些职工下岗后拿不到养老金或退休金，而是由企业一次性支付现金买断工龄，补偿的金额因企业财务状况不同而高低不等。对此，国务院多次下发《做好国有企业下岗职工基本生活保障和企业离退休人员养老金发放工作》等相关文件，努力做好社会稳定工作，但关于如何构建社会安全网，如何弥补养老保险收支缺口等社会保障制度等深层次问题，并未得到根本解决。

②划转国有资产充实社会保障基金一波三折。

全国社会保障基金成立前后，社会各界就使用国有资产来充实全国社会保障基金的问题展开了充分的讨论，当时对用国有资本来充实社会保障基金，体现国民公平分享经济发展成果，并承担养老保险改革转轨成本的合理性问题上，基本达成了共识。但是，对于采取何种方式进行具体落实则没有定论，直到2001年6月，国务院五部委联合发布了《减持国有股筹集社会保障基金管理暂行办法》。该办法规定：股份有限公司首次发行和增发股票时，均应按融资额的10%出售国有股，且减持的价格执行市场定价。

---

① 各年数据请详见"表3-3 1998~2013年历年各级财政对城镇职工基本养老保险的补贴"。

"股份有限公司首次发行和增发股票时，均应按融资额的 10% 出售国有股，且减持的价格执行市场定价。"细细品读这句话，短短的一句话却是要解决两大难题：一是充实社会保障基金，偿还历史欠债问题；二是国有股流通问题。对此，股民采用"以脚投票"的方式来表达自己的失望与不满。

股民纷纷离场，股指狂泻，2001 年 6 月之后的四个月，上证指数从 2245 点跌到 1520 点，跌去了 700 多点，[①] 跌幅超过 30%，基本上将 1999 年 5 月 19 日开始的"5·19 行情"的涨幅全部跌破，并且开始了长达五年的熊市之旅。

数据显示，2001 年财政投入（包括国有股减持收入）全国社会保障基金理事会的金额为 595.26 亿元，[②] 是全国社会保障基金理事会从 2000 年成立以后至 2015 年的 15 年间财政投入最高年份之一。

2001 年国有股减持所引起的股市大波动，将股市的痼疾即股权分置问题如此真实地暴露在公众面前，各界深刻而清醒地认识到，不论是从股市的长远发展，还是准备进行国有股减持，都必须首先解决股市的全流通问题。2005 年 4 月股权分置改革试点正式启动，2007 年上市公司股权分置改革基本完成。

时隔八年，2009 年，国有股充实社会保障基金的文件再次发布，但方式由"国有股减持"改变为"国有股转持"，并且明确规定"转由社保基金会持有的境内上市公司国有股，社保基金会承继原国有股东的禁售期义务"。字里行间能明显看出管理层的严谨和谨慎。证券市场接纳了这一相对理性的决定。对于充实全国社会保障基金而言，国有股转持方式更为科学，因为社会保障基金的支付缺口是未来的问

---

① 国有股减持 一波三折［EB/OL］. 和讯网，http://news.hexun.com/2008-11-17/111299707.html.
② 数据来源：《2012 年中国财政年鉴》。

题，全国社会保障基金是战略储备，并不迫切需要国有股的出售兑现。

值得一提的是，不管是 2001 年的国有股减持，还是 2009 年的国有股转持，其适用对象仅为首次公开发行股票并上市的国有股份有限公司，并没有根本解决所有国有企业的历史欠债问题。

③党的十九大之后出台《划转部分国有资本充实社保基金实施方案》。

2013 年党的十八届三中全会明确了"划转部分国有资本充实社会保障基金"的改革方向，并且改变了之前将划转范围局限在某一类国有企业的状况。这意味着该决定不仅是增量改革，更涉及存量改革，能从根本上解决社会保障改革历史欠债问题。

党的十八届五中全会、六中全会及十九大等报告决议中对于该改革方向予以进一步的强调。2017 年 11 月 9 日国务院出台了《划转部分国有资本充实社保基金实施方案》。该实施方案就划转的原则、范围、比例、承接主体及划转程序等予以了规定，明确了按照合理步骤将中央和地方国有及国有控股大中型企业、金融机构国有股权的 10% 划转到相应的承接主体，以弥补企业职工基本养老保险制度转轨时期因企业职工享受视同缴费年限政策形成的企业职工基本养老保险基金缺口。该方案对于人口老龄化背景下我国社会保障制度尤其是养老保险制度的可持续性和代际公平等方面产生了较为长远的影响。

3. 全面建立社会救助制度，承担社会救助的基本责任

1999 年《城市居民最低生活保障条例》颁布，城镇居民低保制度开始建立，在此之后，城市乞讨人员救助、低收入家庭廉租房等制度相继建立。2007 年《关于在全国建立农村最低生活保障制度的通知》是社会救助制度完善的一大重要标志，农村"五保户"供养制度由农民供养转为财政供养，政府开始承担责任。同时，医疗救助、教育救助、住房保障等救助保障体系逐渐完善。

不过从 2013 年的统计数据来看，包括社会救助在内的社会服务经费占国家财政支出的比重为 3% 左右，其中社会救助占 50.8%，自然灾害救济费为 4.2%，抚恤费为 14.5%，退役安置为 10.2%，地方离退休人员费为 1%，其他民政事业费为 10.1%，而社会福利费仅为 9.3%。[①] 也就是说在整个社会救助、社会优扶和社会福利中，社会救助是大头，而社会福利占比不到一成，这足以说明我国当前仍然处在社会保障发展早期，最基本的社会救助人群仍然庞大，而社会福利仅仅是"锦上添花"。

第四节　不同时期财政社会保障支出状况小结

我国社会化的社会保障制度改革发端于 20 世纪 80 年代，之后经历了十余年更迭，到 1998 年开始真正成为一项社会制度而不仅仅是国有企业改革配套制度，从而进入全面建设和逐步完善时期。在中国社会保障发展历程中，既有社会保障自身的发展规律，也能明显看到我国财政制度变革对社会保障改革所带来的路径影响。

一　1978 年之前公共化的抚恤和社会福利支出的重头戏在救灾上

在计划经济时期，财政是计划型财政，非分权型财政；是公有制财政，非公共型财政；是直接参与初次分配的财政，非再分配型财政。与此相对应的，该时期的社会保障具有明显的中央集权、国家保障、单位包办、大包大揽、全面负责、运行封闭和惠及家属的特征。政府通过单位承担了体制内成员及其家属的社会保障责任，农村在政府支

---

① 中华人民共和国民政部. 中国民政统计年鉴 2014 [M]. 北京：中国统计出版社，2014：46.

持下通过集体经济的福利分配来完成合作医疗、义务教育及贫困救济等事务。

当时的社会保障是单位保障形式，因此以国家为主体的保障更多的是临时性灾害救助。从整体的"抚恤和社会福利支出"项目支出结构来看，最主要的支出项目不是常规性的抚恤支出和社会救济福利支出，而是临时性的救灾支出。同时，用于农村的抚恤和社会福利支出比重很低，与农村的人口比重严重倒挂。

二 分灶吃饭财政一定程度上决定了社会保障的早期分散模式

随着改革开放的开启，财政管理体制成为最早的改革突破口，对地方放权让利，政府间财政关系从计划经济时期的"统收统支"模式转变为"分灶吃饭"模式。财政管理体制的改革有力地调动了地方政府的积极性，也推动了经济增长。但随之而来的是财政收入占 GDP 的比例下降，中央财政收入占财政收入总额的比例下降。

"分灶吃饭"制度下的"诸侯经济"，各自为政，自成体系，中央政府财力匮乏，不可能对全国一统的社会保障制度提供财力支持。在这样的宏观经济背景下，1986 年开始的中国现代社会保障社会化改革初期呈现出明显的分散化、地域化特点，形式多样，统筹层次低下，并且造成后来的社会保障制度改革一定的路径依赖。与此相对应，政府在社会保障上的责任并没有加强，公共财政社会支出明显偏低，公共财政呈现出在教育、医疗和社会保障领域支出不足等结构性缺陷。

三　1994 年分税制改革为社会保障开启新篇章奠定了财力基础

1994 年是中国社会主义市场经济发展的重要年份，党的十四届三中全会出台了《关于建立社会主义市场经济体制若干问题的决定》，社会保障被界定为市场经济体系的五大支柱之一，同年分税制改革开始实施。

分税制显著提升了财政收入占 GDP 的比重和中央财政占财政总收入的比重，政府的财政调控能力明显提高，社会保障制度发展所需财政资金有了相应的制度保障。同时，一定程度上明确了中央在社会保障制度中尤其是养老保险制度中的重要责任，对全国社会保障制度的逐步统一奠定了基础。

四　1998 年公共财政的确立有力地推动社会保障制度的全面完善

1998 年是中国社会保障改革进程中一个特别重要并取得重大实质性进展的年份。这与 1998 年中国公共财政的确立有着必然的联系。公共财政的确立对于社会保障制度的重要性不仅在于对财力的进一步支持，带来保障水平的提升，更重要的是明确了社会保障制度的发展方向。

公共财政的关键词在"公共"二字，一则受公共监督，二则为公众提供公共服务。公共财政的确立意味着要从国有制财政走向多种所有制财政、从城市财政走向城乡一体化财政、从生产建设财政走向公共服务财政，没有了所有制的差别，没有了城乡差别。从某种意义上讲，有了公共财政，社会保障才可能走向全民覆盖、城乡统筹。

从具体财政政策来看，从 1998 年开始，国家财政先后按照中央提出的"两个确保"（确保国有企业下岗职工基本生活费，确保企业离退休人员的基本养老金按时足额发放）的要求，积极筹措资金；对中西部地区和老工业基地给予适当补助或借款；2003 年建立了新型农村合作医疗，并在 2010 年基本覆盖全国农村居民，补贴额度逐年提高；在 2005 年确定将农村"五保户"供养补贴纳入各级财政的基础上，2007 年全面建立农村低保制度，增加城市和农村最低社会保障支出；不断提高对新农保和城镇居民医疗保险的补贴水平；2005～2015 年连续 11 年提高企业退休人员的基本养老金水平；中央财政大力支持新型农村养老保险和城镇居民养老保险的全面开展；加大保障性安居工程建设支持力度；等等。

五　2016 年财政体制再调整为社会保障制度深层问题的解决奠定了基础

1994 年分税制改革的核心在于界定了政府收支的两个边界：政府与市场的边界，中央政府与地方政府之间的边界。而财政社会保障的核心问题同样表现在这两个方面：一则从财政社会保障支出的角度体现出社会保障建设中的政府责任边界；二则通过社会保障财政分权程度体现出社会保障建设中中央政府与地方政府之间的关系。

由于分税制当年推出的急迫性，在许多问题上都不尽完善，自 2013 年党的十八届三中全会明确了要进一步进行财税改革决定后，2016 年进入具体的改革实践摸索阶段，对分税制遗留问题进行改革完善，从而有助于社会保障制度建设和管理体制进一步健全和完善，解决相应的深层次问题。

第五节　当前我国财政社会保障支出水平与结构

一　财政社会保障支出水平指标说明

财政社会保障支出水平是政府资金用于社会保障建设的体现，是一国社会保障建设中政府责任的集中表现。财政社会保障支出水平可以从两个角度衡量。一是从财政角度出发，看在整个国家财政支出中有多大比重用于社会保障建设，其具体指标为：财政社会保障支出 = 财政社会保障支出 ÷ 财政支出总额 × 100%。二是从社会保障建设的角度出发，看在全部社会保障建设支出中来自政府资金的比重有多大，其具体指标为：财政社会保障支出 ÷ 全部社会保障支出总额 × 100%。从理论上讲，后者更能反映在社会保障建设中政府所支出的资金规模，更能体现社会保障建设政府责任的具体承担。但是由于国际社会保障统计标准尚未建立，各国关于全社会用于社会保障建设支出统计口径存在较大差异，因此在国际上被广泛运用并用于比较分析的多为第一个指标。

由于我国财政统计口径和科目进行过多次调整和修订，以及机构改革等因素，我国在财政社会保障统计指标上缺乏一定的连贯性。在1997 年之前财政社会保障支出仅包括抚恤和社会福利救济费，1998 ~ 2008 年涉及的财政社会保障支出主要包括社会保障补助支出、抚恤和社会福利救济费以及行政事业单位离退休费三类。自 2008 年开始，因为人力资源和社会保障部成立，统计数据变更为"社会保障和就业支出"指标，同时有了更为详细的分项目的披露。但由于财政统计项目是按照职能部门划分，还有许多社会保障支出比如医疗保障支出等数据披露在"社会保障和就业支出"之外，因此一般公共财政支出中用于社会保障方面的支出需要再统计。测量和统计财政社会保障支出有了不同的口径之分。

根据中国政府财政数据披露渠道以及学术研究的需要，财政社会保障支出统计口径可以分为以下几类。第一类是一般性公共财政支出项目中"第八项　社会保障与就业"（口径一即小口径），这也是在学术研究中最常采用的数据口径，而且由于数据披露的原因，在省以下财政社会保障支出中往往都保留在该口径层级。该口径与2008年之前的统计指标具有一定的可比性。第二类是一般性财政公共财政支出中用于社会保障的各项总体支出。具体包括"社会保障与就业"支出项目，其主要包含管理事务支出、社会保险补贴、社会福利和优抚支出、社会救助等支出；"医疗卫生"中"医疗保障"支出项目，其主要包括新型农村合作医疗补贴、城镇居民医疗保险补贴和医疗救助等支出；"住房保障支出"包括城乡住房方面的各项支出。这些项目综合在一起基本构成了宽口径财政社会保障支出（口径二）。综合来看，财政社会保障支出＝社会保障管理与服务部门机构经费（人力资源和社会保障部门经费、民政部门管理经费、红十字事业经费）＋财政对社会保险基金的补助（基本养老保险基金的补助＋新型农村社会养老保险基金的补助＋城镇居民养老保险基金的补助＋基本医疗保险基金的补助＋新型农村合作医疗＋城镇居民基本医疗保险）＋行政事业单位社会保障（行政事业单位离退休＋行政事业单位医疗保障）＋补充全国社会保障基金＋就业扶持＋社会救助支出（城市居民最低生活保障＋其他城市生活救助＋农村最低生活保障＋自然灾害生活救助＋城市医疗救助＋农村医疗救助＋其他农村生活救助）＋优抚安置支出（抚恤＋退役安置）＋社会福利支出（社会福利＋红十字事业＋残疾人事业）（前面三大项可以统称为社会救助与社会福利支出）＋住房保障支出＋其他社会保障和就业支出。第三类为全口径财政社会保支出。2011 年我国开始"全口径预算管理"改革，2012 年开始政府总收支划分为一般公共财政收支、政府性基金收支、社会保险基金收支、国有资本经营性收支等四类。这为全口径财政社会保障支出的统计和研究提供了基础。口径二下的财政社会保障支出加上一般公共财政支出之外的其他政府支出中用于社会保障的支出及社会保险支出即构成全口径财政社会保障支出，与其他国家尤其是实行社会保险税的国家具有了口径上的相近性。在全口径财政社会保障支出基础上再把政府用于教育事业、医疗卫生事业支出涵盖在内，则形成了类似于西方国家的社会保障支出格局。

　　在没有特殊说明的情况下，本文的财政社会保障支出采用口径一（尤其是 2008 年之前的数据）、口径二（2008 年之后）和全口径（2012 年之后）。口径一保留了和以前年度数据的可比性，口径二更加客观地反映了一般性公共财政社会保障支出状况，全口径更为全面地反映了政府支出中用于社会保障的支出状况。本章重点分析口径一和口径二下的财政社会保障支出水平，全口径财政社会保障支出水平在第五章予以详细分析和评估。

二　财政社会保障支出水平具体表现

表 3 - 5　1998 ~ 2015 年不同口径下的财政社会保障
支出水平（支出状况总表）

单位：亿元，%

年份	财政社会保障支出额		财政支出额	占财政总支出百分比		GDP总值	占 GDP 百分比	
	口径一	口径二		口径一	口径二		口径一	口径二
1998	776	—	10798	7.19	—	84402	0.92	—
1999	1375	—	13188	10.43	—	89677	1.53	—
2000	1918	—	15887	12.07	—	99215	1.93	—

年份	财政社会保障支出额		财政支出额	占财政总支出百分比		GDP总值	占GDP百分比	
	口径一	口径二		口径一	口径二		口径一	口径二
2001	2228	—	18903	11.79	—	109655	2.03	—
2002	2894	—	22053	13.12	—	120333	2.41	—
2003	2942	—	24650	11.94	—	135823	2.17	—
2004	3440	——	28487	12.08	—	159878	2.15	—
2005	4200	——	33930	12.38	—	184937	2.27	—
2006	4856	——	40423	12.01	—	216314	2.24	—
2007	5827	——	49781	11.71	—	265810	2.19	—
2008	6804	8099	62593	10.87	12.94	314045	2.17	2.58
2009	7607	10225	76300	9.97	13.4	340320	2.23	3.00
2010	9131	13735	89874	10.2	15.3	401512	2.27	3.42
2011	11109	18181	109247	10.2	16.6	473104	2.34	3.84
2012	12586	20723	125953	9.99	16.45	519470	2.42	3.98
2013	14491	23265	140212	10.33	16.59	568845	2.54	4.08
2014	15969	25848	151786	10.52	17.03	643974	2.48	4.01
2015	19019	30435	175877	10.81	17.3	676708	2.81	4.49

资料来源：历年《中国统计年鉴》、历年《中国财政统计年鉴》、历年全国公共财政支出决算。

　　财政社会保障支出水平是指各级政府中社会保障支出规模，它包括绝对指标，也包括相对指标。绝对指标即财政社会保障支出总金额，反映了政府财政资金用于社会保障建设的资金总体规模的大小。本书相对指标主要采用了财政社会保障支出额占财政支出额的比重和财政社会保障支出额占当年GDP的比重两项指标，这两项相对指标进一步测量和反映了一国的经济资源或财政资源中用于社会保障支出的比重。相对指标在反映不同时期的财政社会保障支出水平上更具有可比性。

　　1998 年是社会保障建设的关键年份，从绝对指标来看，财政社会保障支出开始跳跃式增长，并在此之后的十多年中，不论是按照口径一还是口径二，增长速度均显著。由表 3 - 5 可知，1998 年口径一的财政社会保障支出为 776 亿元，2008 年为 6804 亿元，增长了 7.77 倍。到 2015 年，该口径下的财政社会保障支出为 19019 亿元，是 1998 年的 24.5 倍。其中，2009 ~ 2015 年，年增长率分别达到 11.8%、20%、21.67%、13.3%、15.14%、10.18%、19.1%。

　　口径二下的财政社会保障支出即财政用于社会保障的各项支出，2008 年的数额为 8099 亿元，到 2015 年为 30435 亿元。2015 年是 2008 年总额的 3.76 倍，平均增长速度快于同时期口径一的财政社会保障支出增长。2009 ~ 2015 年，年增长率分别为 26.3%、34.3%、32.36%、14%、12.27%、11.1%、17.75%。

　　从财政社会保障支出占一般性公共财政总支出的比重来看，1998 ~ 2015 年口径一下的该指标有一些起伏和波动。1998 ~ 2000 年，该指标增长迅猛，从 7.19% 快速上升至 12.07%，平均年增长率达到 22.6%。2000 ~ 2007 年，增长速度放缓，但整体水平保持了较为稳定的态势，基本保持在 12% 左右。2008 年该指标有较为明显的回落，降为 10.87%，此后到 2015 年基本保持在该水平。2008 年之后口径一指标下的财政社会保障支出占一般性公共财政总支出的比重下降，与 2008 年按照政府职能财政统计指标的调整有一定的关联。相比较而言，口径二的增长态势较为明显。2008 年该指标为 12.94%，2015 年提高到 17.3%，总增长率达到 33.7%。口径二下的社会保障水平增长速度较快，应该归因于一些后期新增加的社会保障项目的支出增长，比如保障性住房项目。

三 财政社会保障支出结构状况

表 3 – 6 2011～2015 年口径二下财政社会保障支出分项目

单位：亿元

年份	财政社会保障支出总额	财政对社会保险补贴支出金额	社会救助	行政事业单位各项补助	社会福利	社会优抚	就业补助支出金额
2011	18181	5249.33	4611.68	3090.21	1420.14	773.87	670.39
2012	20723	6332.55	5240.53	3206.58	1617.27	946.31	736.53
2013	23265	7410.08	5512.62	3624.45	1655.78	1141.99	822.56
2014	25848	8471.34	5960.39	4153.69	1862.99	1203.59	870.78
2015	30435	10677.93	6432.26	4928.32	2692.99	1396.28	870.93

注：由于社会保障管理部门的行政开支没有列入本表社会保障项目，故分项合计不等于总额。

资料来源：根据历年全国公共财政支出决算表整理而得。

表 3 – 7 2011～2015 年口径二下财政社会保障支出结构

单位：%

年份	财政对社会保险补贴支出比重	社会救助支出比重	行政事业单位各项补助支出比重	社会福利支出比重	社会优抚支出比重	就业补助支出比重
2011	28.87	25.36	16.99	7.81	4.25	3.68
2012	30.55	25.29	13.78	7.80	4.57	3.55
2013	31.85	23.69	15.58	7.12	4.91	3.53
2014	32.77	23.06	16.07	7.21	4.65	3.36
2015	35.08	22.43	16.19	7.55	4.59	2.86

注：由于社会保障管理部门的行政支出没有包含在内，故各项财政社会保障支出项目比重合计＜100%。

资料来源：根据历年全国公共财政支出决算表整理而得。

中国的社会保障概念与西方主流概念的偏差一定程度上影响到社会保障各项指标的比较，也包括社会保障支出结构的比较。在国外被理解为社会保险甚至是养老保险的社会保障，其在国内被界定为社会保险、社会福利、社会救助和社会优抚等在内的大的保障制度安排的总称。[①] 对社会保障支出结构的分析，能较为清楚地体现出社会保障子项目的政府责任的履行情况。由于在本书中，口径二所涵盖的是政府公共财政支出中用于社会保障各项目的支出，因此在结构分析中采用口径二指标，以免有项目和内容上的遗漏。同时，由于财政统计口径更多是按照职能划分，而没有按照支出性质进行划分，表 3 - 6 没有沿袭这种划分方式，而是对财政社会保障支出项目按照社会保障支出性质进行有效拆分，以更好地展现按照支出性质划分的社会保障支出结构，而不是按照部门划分的状况。其中"医疗保障"项目中的"新型农村合作医疗"和"城镇居民基本医疗保险"并入财政对社会保险补贴项目，"城乡医疗救助""疾病应急救助"列进社会救助项目，"优抚对象医疗补助"计入社会优抚项目。根据 2014 年所颁布的《社会救助暂行办法》中"住房救助"的界定，将"住房保障"中的"保障性安居工程支出"列入社会救助项目，"住房改革支出"列入社会福利项目。

从表 3 - 7 财政社会保障支出结构中可见，在社会保障子项目中，财政支出比重从高到低依次为：社会保险的补助、社会救助支出、行政事业单位各项补助、社会福利、社会优抚、就业补助。很显然，财政对社会保险补贴支出占比是最大的，2011 ~ 2015 年分别为 28.87%、30.55%、31.85%、32.77%、35.08%。如果将财政用于社会保险及行政事业单位各项补助合计在一起，2011 ~ 2015 年这两项支出占财政社会保障总支出的比重分别为 45.86%、44.33%、47.43%、48.84%、51.27%，占财政社会保障总支出一半左右。

---

① 尚晓援．"社会福利"与"社会保障"的再认识 [J]．中国社会科学，2001 (3)：113 - 121.

社会救助占比为第二，在财政社会保障总支出的比重在22.4%~25.4%浮动（见表3-7）。根据我国现行《社会救助暂行办法》，社会救助项目明确包括"最低生活保障""特困人员供养""医疗救助""住房救助""临时救助"等多个分支。在财政支出项目核算中，基本遵循了以上原则，分项列示。但在社会救助财政各支出中，存在一定程度的结构不合理性。在上述社会救助支出中用于保障房项目支出的金额超过社会救助支出一半以上，2011~2015年的具体比重分别为56.6%、60.1%、54.6%、57.5%、57.2%，很显然，如果扣除保障房项目支出，包括最低生活保障、自然灾害救助、特困人员供养在内的传统社会救助支出项目占财政社会保障支出的比重会骤减。最低生活保障等传统社会救助项目由于采用财政专户管理，对每人补贴标准和补助人员数量的多方监管一定程度上保证了资金管理的可控性和严谨性。相比较而言，保障房资金使用在监管上难度更大，也有不少关于保障房资金使用问题的官方数据公布和媒体报道。

社会福利支出和社会优抚支出分列在第三、四位（见表3-7），2011~2015年支出金额稳步上涨，但支出比重均没有明显的变化，基本稳定在7%~8%和4%~5%，显著低于前三项的比值。养老服务、儿童照护服务以及退役军人保障等工作近些年日渐成为各级政府重点加强的内容，这意味着各级政府在社会福利及社会优抚等相关方面的支出力度也会加大。

第四章　中国财政社会保障支出分权

在近二十年社会保障建设中，政府扮演着重要的角色。分权理论的核心即给予地方政府一定的自主性，从而能够更好地提供公共产品和公共服务。财政社会保障支出分权是政府间财政关系在社会保障领域的具体体现和结果，也是中央政府与地方政府在社会保障建设中边界的构建。在社会保障社会化之前，社会保障责任划分更多是在政府与企业之间；完成社会保障社会化转轨之后，社会保障的责任划分更多是体现在不同层级政府之间。

第一节　财政社会保障支出分权的内在机制

一　财政分权的内在机制

社会保障领域财权事权划分的理论基础主要是财政分权理论。在西方，财政分权理论又被称为财政联邦主义。财政分权理论主要分为两个阶段。第一阶段是以蒂布特、奥茨、马斯格雷夫为代表，也被称为 TOM 理论或 TOM 模型，其理论核心是从多角度论证了地方政府存在的合理性及其竞争机制的作用。第二阶段是以钱颖一和罗纳德等学者为代表，他们为地方政府官员有激励去提供更好的公共产品服务和维护市场秩序作出了更有说服力的解释，被称为第二代财政分权理论。

西方财政分权主流理论认为，联邦性财政分权会提高社会福利水平，其内在机制就在于"用手投票"机制和"以脚投票"机制。

第一，"用手投票"机制，即选举投票机制或称选举约束机制，居民通过手中的投票权来激励地方政府充分利用其信息上的优势来提供更能满足当地民众需要的公共服务和公共产品。因此典型财政联邦主义或者联邦财政分权是与政治分权紧密结合的，是在政治分权下的财政分权。

第二，"以脚投票"机制，即地方政府根据当地居民的不同偏好来确定不同税制组合以及提供不同的公共服务产品，居民也可以按照自己的偏好来确定具体的区域进行居住。因此，典型财政联邦主义或者联邦财政分权是在居民具有迁移选择权这一社会制度基础上的财政分权。

西方财政分权理论很好地解释了地方政府满足地方居民需求的出发点和基本驱动力，也很好地解释了分权状态下包括社会保障在内的公共服务满足水平提高的内在机制。中国的财政分权改革是在借鉴西方发达国家理论和经验的基础上逐步建立和完善起来的。但是，基于国情的差异，中国与西方国家的财政分权相比有其显著的特殊性，这种特殊性也体现在财政社会保障分权中。

二　中国财政分权的特色

关于政府间关系的改革，在计划经济时期有过小插曲。在计划经济的"大跃进"时期和"文化大革命"时期，中央政府更多地把经济管理权下放给地方政府。在"大跃进"时期中央财政收入占全国财政收入的比重从80%减少到30%，在"文化大革命"时期，该比例甚至跌至10%，几乎突破了分权的底线。这种政府间权力调整是体制内的试验，属于"行政性分权"。1980 年国务院颁布规定，对财政管理体制进行改革，中央和地方"分灶吃饭"的格局初步形成。1985 年改革进一步深化，各省级单位开始划分税种，核定收支，分级包干，政府间纵向的税种划分使得"分税"意义初现，但是之后改革势头未能持续，不久又退回到总额分成的状态。① 分税制改革彻底改变了政府间收支分配不稳定的局面，使得财政体系逐渐具备了财政联邦主义的诸多要件，真正形成制度化和市场化的财政分权。由于中国具体国情和一定程度上的路径依赖，中国的财政分权与西方财政联邦主义有明显的区别，其中以下两点特征会显著影响社会保障的发展和建设。

1. 政治集权下的财政分权

在管理学中，分权是决策权在组织系统中较低管理层次的程度上的分散。根据决策权的指向对象，分权可以划分为政治分权、行政分权和财政分权。政治分权的核心是人事集权，通过人事任命，保证上级意志在下级得到很好的贯彻。行政分权是指由下级政府把握管理事物的自由度。财政分权是指下级政府在财政收入和财政支出上的自由度，即赋予地方政府在筹集税收收入和安排财政支出上一定的权限，使其在预算规模和结构上有一定的独立性。

西方国家的财政分权多为政治分权下的分税制模式，中央政府与地方政府之间并非上下级关系，而是"兄弟"关系，其表现在制度设计上，会更加清晰化和更加制度化，并且契约和博弈关系上更加对等，地方政府有更完整的权力，也承担较为完整和清晰的责任。而中国的分税制是在政治集权下的财政分权，政治集权、行政分权和财政分权共同影响着分税制的效应和结果。地方政府并没有真正的博弈权，没有税收立法权，更多的是执行上级政府的命令，同样在责任承担上也

---

① 付敏杰. 分税制二十年：演进脉络与改革方向［J］，社会学研究，2016（5）：215 – 240.

表现为不对等性和非独立性。地方政府既存在收入不到一半却承担 80% 支出责任的情况，也存在债务或其他不利的财政后果由中央政府承担的状况。

正因为中国是在中央政治集权下的财政分权，因此在事权上更多是按照事权要素①在各级政府之间进行划分。事权划分可以按照事权项目在不同政府间进行划分，也可以按照事权要素在各级政府间进行划分。前者称为横向划分，后者称为纵向划分。在西方国家尤其是联邦制国家，社会保障事权更多是以事权项目即横向划分为主，比如，美国老年、遗属和伤残保险（OASDI）主要是由联邦政府负责，而社会救助和社会福利更多是由州政府和地方政府来负责，联邦政府给予一定的补贴。中国的具体国情决定了绝大多数的事权的决定权在中央，地方更多的是具有执行权和监督权。"中央决策、地方执行"是贯穿社会保障不同层级政府间关系及责任划分的主线。也就是说，中国政府间事权基本处于纵向划分。当然，在基本格局不变的基础上，为了更好地提供社会保障建设，政府间事权需要进行进一步科学划分，实现事权和支出责任相匹配。

在钱颖一等人所提出的著名的"中国特色的财政联邦主义"理论中，②认为中国地方政府的激励一是来自行政分权，即地方政府拥有较为自主的经济等地方事务决策权；二是来自财政分权改革。正是因为这两者的激励推动了地方经济的增长。毫无疑问，行政分权和财政分权是地方政府激励的重要源泉，但是中国政治集权所带来的对地方政府行为的影响，包括对财政分权下地方政府的财政收支尤其是财政

---

① 所谓事权要素，是指政府的每项事权都由决策权、执行权、监督权和支出权等多个要素构成。

② Jin H., Qian Y., Weingast B. R.. Regional Decentralization and Fiscal Incentives: Federalism, Chinese Style [J]. Journal of Public Economics, 2005, 89 (9): 1719 - 1742.

支出会带来更强的内在激励。正因为政治集权，地方政府官员的任命或晋升直接受上级政府的评价和考核的影响。因此，地方政府官员的升迁由中央设定的"锦标赛规则"决定，同样地方政府官员的工作重心和工作业绩必然受到中央"锦标赛规则"的激励和推动。周黎安等学者称之为"锦标赛模式"。因此在 GDP 导向时期，地方政府更多关注的是经济增长，而并不会将民生建设放在显著位置。自 20 世纪 80 年代以来，财政体制在中央和地方的行政分权一直在变化之中，而地方官员推动区域增长的激励没有改变，因为晋升锦标赛的基本模式一直没有改变。① 唯有中央政府激励导向发生变化，才能有效激励地方政府官员加强对社会保障等民生事业的建设，并调整相应的财政支出结构。但需要注意的是，经济发展导向下上级政府和下级政府是激励相容的，经济发展既会有利于全局的经济面貌改变，也会给当地政府带来实在的增长。但是社会保障的效果较弱，地方政府并不能体会到真实和及时的收益，因此，其激励效果与经济增长激励会有很大的差异。

2. 缺乏"以脚投票"机制的财政分权

在西方主流财政分权理论中，财政分权会提高公共产品的供给效率和社会总体福利水平的主要原因之一在于"以脚投票"机制，即地方政府根据当地居民的不同偏好来确定不同税制组合以及提供不同的公共服务产品，居民也可以按照自己的偏好来确定具体的区域进行居住。这一双向组合是通过人口流动来实现的。

但在中国，户籍制度、居住习惯以及社会保障制度的转移接续制度不健全等因素，影响和制约了居民的自由迁移。对于农村劳动力而言，即使能够进城务工甚至定居但也无法被认为是合法的城市居民，

---

① 周黎安. 中国地方官员的晋升锦标赛模式研究 [J]. 经济研究，2007 (7)：36 - 50.

并不能够真正享受到与城市居民同等的义务教育以及社会保障等公共产品。一般来说，居民对公共产品的偏好和需求并不在地方政府的优先考虑范围之中。①

从地区差异上来看，相对贫困的中西部地区由于劳动力流动偏低、财政收入状况不好的原因，地方政府更重视经济的增长，容易忽视当地居民对公平产品的需求。再加上财政分权所带来的地方政府拥有地方开支的自由权，从而财政支出会更注重对能明显带来经济增长的公共基础设施投资，而减少民生支出，进而降低当地的社会福利水平。在相对富裕的东部沿海地区，居民的收入和劳动技能水平明显偏高，劳动力具有更大的潜在流动性，当地政府会愿意对公共产品加大投入以增强地方吸引力，进一步吸引流动性较强、素质较高的劳动力。由此看来，中国财政分权而引起的财政竞争会对富裕地区与贫困地区产生差异鲜明的影响模式：富裕地区更愿意提高社会服务水平，而贫困地区会更愿意通过改善基础设施来吸引投资，而明显减少社会服务供给。贫困地区对包括社会保障在内的社会服务的供给投资的动力更多来自上级政府的任务压力、评价激励等外在动因。

从中国财政分权特色的理论分析中，能为中央政府在进行新型农村合作医疗保险和新型农村养老保险等新型社会保障制度建设时，对东部地区和中西部地区给予不同的财政补贴政策找到解释。中央对东部地区不予以财政补贴，不仅因为东部地区经济发达、财力雄厚，有给予补贴的经济和财政基础，更在于东部地区由于其增长模式的原因更有为居民提供更好的社会保障制度的内在动力。而中西部地区缺乏这种内在动力，中央唯有通过制度压力和财政补贴补偿来激励地方政

---

① 乔宝云、范剑勇、冯兴元. 中国的财政分权与小学义务教育［J］. 中国社会科学，2005（6）：37－46.

府对于新增加的社会保障建设的支持。

从中国社会保障财政分权的特点可以看出，地方政府社会保障支出的决定仍然处于较为典型的中央主导型，中央政府对于地方政府社会保障建设的考核重视直接决定了地方政府的重视程度。同时，由于缺乏"用手投票"直接机制和"以脚投票"间接机制的治理方式，地方民众对于社会保障建设的诉求更多需要通过中央政府传递给地方政府，地方民众在地方政府社会保障治理中难以起到主导作用。

第二节　不同层级政府社会保障角色划分

一　中央政府的角色

中央政府在社会保障发展方向上起到绝对的主导作用。自 1998 年以来，随着公共财政的确立，社会建设、民生支出中中央在社会保障建设中起到绝对主导的作用，表现在法律制定、任务下达、财政补贴等诸多方面。

1. 掌控社会保障制度发展方向，进行顶层设计

社会保障的一个重要功能就是增进国家认同，因此在社会保障建设中从国家层面来对社会保障进行总体规范和掌控是应有之义，也是世界各国社会保障的发展规律。在中国不管是经济建设层面还是社会建设层面，都有地方政府或者国家公民引领改革的成功案例，比如像土地承包制或者老农保。但在更多的情况下是中央政府先确定改革方向，引领经济社会的发展。

1986 年在《中华人民共和国国民经济和社会发展第七个五年计划》施政纲要中，第一次出现了社会保障的概念，并单独设章详细阐

述了社会保障的改革以及社会化的问题;[①] 1993 年党的十四届三中全会将社会保障界定为市场经济体系的五大支柱之一;1997 年最低生活保障制度在全国全面推广;1998 年开始，养老保险行业统筹被取消、中央财政开始向城镇居民养老保险提供补贴，表明社会保障制度开始走向了公平、正义、共享的发展之路;2003 年开始新型农村养老保险在内的新型社会保障制度建设并推进"全面覆盖、城乡统筹"的发展理念等。在社会保障发展的关键节点，都是中央政府首先确立发展方向，推动社会保障的稳步前进。

2. 主导制度设计和法规制定

虽然在社会保障制度建设中有自下而上的案例，比如像城镇居民最低生活保障制度是 1993 年在上海率先试行，取得了较好的社会影响之后，1997 年国务院颁布规定在全国全面推开。再比如 2009 年宁夏首创高龄补贴制度，推行之后得到了民政部的高度赞许，并在全国全面推广。这些都是典型的自下而上的创新和改革路径。但是，从 1998 年社会保障进入全面和快速发展时期，社会保障制度建设的方向仍然是由中央主导，相关法律法规由全国人大、国务院或相关部委审议通过、颁布实施，各地遵照法规全面推开执行，或出台相应的配套政策保障制度的推进。

3. 从财政制度上对社会保障予以支持

虽然从社会保险的雇主责任和社会救助等服务对象来看，中央财政的直接责任是较低的，但是，按照马斯格雷夫的财政分权理论，资源配置职能可以由地方政府来完成，可以根据各地居民的偏好不同而呈现出不同的选择，但分配职能和经济稳定职能则更应该主要由中央一级政府来负责。[②] 因此，中央政府在收入分配领域以及具有规模经

---

① 郑功成. 中国社会保障改革 30 年［M］. 北京：人民出版社，2008：10.

② R. A. Musgrave. The Theory of Public Finance［M］. New York，Mc Graw – Hill，1959：181 – 182.

济和外部效应的公共产品提供上应负有更大的责任。当然，这种责任如何履行也是现代财政分权理论中重要的讨论话题。比如社会救助事务。很显然社会救助属于收入再分配，并且救助制度还带有正外部性和防范福利移民的问题，因此社会救助应该由中央负责。但是，地方政府在信息收集和"偏好误识"方面比中央政府有更大的优势，由地方政府承担较为主要的管理责任更为有效。社会救助事权的分权就需要财权的调整以处理事权与支出责任之间的匹配问题。我国是通过中央财政转移支付的方法予以解决的。

二　省级政府的角色

省级政府虽然也算地方政府，但从我国宪法和历史传承来看，省级政府在地方政府中处于比较特殊的位置。虽然经常提到五级政府（中央、省、市、县、乡），但在国家治理结构上讲应该是中央和地方两级。一个是中央层面，也就是国家层面，即中央－省之间；一个是地方层面，即省及省以下政府之间。在中国当前的立法权和征税权等改革中，将一部分权力下放，也只有省级政府可以做到。同样，如果从国家治理这个角度来看财政体制，我国实行的是两级体制：国家财政体制和地方财政体制。① 中国地域广博、发展差距巨大、历史文化迥异，在地方层面治理模式也应适当因地制宜，省级政府在地方治理模式中具有充分的决定权和主导权，同样也负有相当的责任。按照现有的政府支出责任划分情况来看，省级政府除了承担本级国家机关及事业单位发展支出外，还承担调整全省（直辖市、市）国民经济结构、协调地区发展、实施宏观调控方面的支出。

正因为省级政府在国家－地方治理层面中的特殊性，因此省级政

---

① 刘尚希. 财政与国家治理：基于三个维度的认识［J］. 新华文摘，2015（19）：45－48.

府在社会保障建设中不仅发挥政策传递和执行的作用，还在相关配套法规、具体社会保障标准制定、统筹规划、监督管理上有重要的地位和作用。在诸多中央出台的法规中，能明显地看到对省级政府的角色的界定。

国务院和省、自治区、直辖市人民政府建立健全社会保险基金监督管理制度，保障社会保险基金安全、有效运行。

——《社会保险法》

中央确定基础养老金最低标准，建立基础养老金最低标准正常调整机制，根据经济发展和物价变动等情况，适时调整全国基础养老金最低标准。地方人民政府可根据实际情况适当提高基础养老金标准；对长期缴费的，可适当加发基础养老金，提高和加发部分的资金由地方人民政府支出，具体办法由省（区、市）人民政府规定，并报人力资源社会保障部备案。

——《国务院关于建立统一的城乡
居民基本养老保险制度的意见》

从上述代表性的法规条文中可以看出省级政府在社会保障制度的具体标准和方式选择上具有统领和决定性作用，可以在政策允许的范围内对中央政策进行适度微调，使之更符合地方实际。同时，省级政府在地方社会保障事务层面承担更多的责任，负责社会保险经办建设及社会保险基金稳定运行等，并为下一级政府提供相应的补助和转移支付。

三　省以下政府的角色

在省级政府之下还有市、县、乡三级政府，除了市级政府仍承担一定的统筹、调动角色之外，县、乡政府都是政策的具体执行者和服务者，更多的是承担具体的政策执行、协调监管和组织发放的工作。

城乡居民医保制度原则上实行市（地）级统筹，稳步推进市（地）级统筹，根据统筹地区内各县（市、区）的经济发展和医疗服务水平，加强基金的分级管理，充分调动县级政府、经办管理机构基金管理的积极性和主动性。鼓励有条件的地区实行省级统筹。

——《国务院关于整合城乡居民基本医疗保险制度的意见》

特困人员供养标准，由省、自治区、直辖市或者设区的市级人民政府确定、公布。

——《社会救助暂行办法》

县级以上人民政府民政部门应当根据本级人民政府经济社会发展规划，会同有关部门编制农村五保供养服务机构建设专项规划，并组织实施。

——《农村五保供养服务机构管理办法》

从上述文件规定可见，市级政府在最低生活保障和特困人员供养标准等方面有制定权、调整权。同时在保证经办管理、基金统筹等顺利运行方面，承担相应的保障责任，并负责调动县级政府等下级政府积极开展相关工作。县、乡政府主要负责制度实施、申请受理、调查审核、资金发放等具体的组织管理工作，接受上级部门的监督和指导，并完成上级交办的各种任务。

第三节　财政社会保障支出分权测量

1994 年分税制之后，财政收入集中于中央，而财政支出越来越分权于地方是不争的事实。在全国，超过 3/4 的财政支出的直接使用者都是省级及省级以下政府。那么社会保障财政支出的具体分权情况如何？社会保障分权在不同的省份是否有差异？这些不同的社会保障财政分权在社会保障制度的具体实施中的效果如何？这些答案能更好地回应社会保障政府间财政关系现状及未来的调整方向。

在财政分权的衡量中，主流的测量方法是省级政府财政收支占全国或中央财政的比重，该指标也为世界银行等国际机构及大量的学者所倡导。同此，社会保障财政分权即为"各级财政社会保障支出占财政社会保障支出的比重"，并可以省级财政社会保障支出占全国社会保障支出的比重作为衡量标准。不过，另外有学者指出，由于中央与省级之间的财政体制相对是规范的，而省级及省级以下地方政府财政体制自成体系，其具体的支出分权状况在省与省之间存在很大的差异，因此省以下支出占全省的支出比重更能反映各省省内分权的结果。因此，有必要再用省级以下财政社会保障支出占全省的财政社会保障支出的比重，从另一个角度来测量社会保障财政分权，更能反映财政社会保障分权的具体和真实状况。

一 财政社会保障支出分权指标建设

财政社会保障分权可以直接反映不同级次的政府在社会保障方面支出责任的大小，关于其指标的确定很有意义和必要，但研究成果并不多。诚如施罗德和青木所言，对于理论和政策研究者来说，测量分权程度和构建分权指标是一件很富有挑战性的工作。[①] 财政社会保障支出分权所要反映的问题集中在以下几个方面：第一，谁负责怎样的支出？第二，政府间的转移支付规模怎样？依赖度多大？第三，次级

---

① 张光．为分税制辩护 [M]．北京：中国社会科学出版社，2013：65．

政府在财政社会保障支出中所占的比重有多少？构建财政社会保障支出分权指标体系并进行测量能对中国社会保障财政分权的具体状况进行真实评估，并能进一步折射出当前我国财政社会保障支出分权机制的特色。

财政社会保障支出分权在广义上属于财政支出分权范畴，而关于财政分权指标最常见的就是以全国财政支出为分母、以地方财政支出为分子，计算一国财政支出分权的比重。比重越大，分权程度越高。这一指标由于得到国际货币基金组织和世界银行的推荐而被广泛应用于跨国比较和国内分权研究中。也有较多的学者认为，应该扣除人口因素，在分子和分母指标中采用人均值，即分子为地方人均财政社会保障支出，分母为全国人均财政社会保障支出。

该类指标被广泛使用，究其原因，其一是被国际机构推荐并且在大量研究论文中被采用，进一步提高其学术重要性；其二是该指标中的数据较为方便收集和整理。但是，细细分析该指标，会发现其更多反映的是各地在财政社会保障支出中所占的份额。不管是总量指标还是人均指标，其大小更多是由当地的经济规模和经济发展水平决定的。经济发达地区相比经济落后地区，该指标会更加理想。因此，该指标更多说明的是经济发展水平对财政社会保障的影响，而不是财政社会保障分权程度。

财政社会保障分权既包括地区政府与它们的上级政府之间的分权状况，也包括地区内部的各级政府之间的分权状况。也就是说，如果以省为分析单位，我们在研究财政社会保障分权问题时，既要研究该省与中央政府之间的关系，也要研究和观察省内部的政府间分权关系。这两者既有关联又互不相同，需要用两组不同的指标予以反映。

根据我国1994年实行的分税制及相关的预算法规可以看出，中国的任何一个地方政府财政管理体制，一方面必须接受它的上级政府——最终为中央政府的安排；另一方面，它又可以对所管辖的下级政府的财政管理体制进行安排。换言之，中央政府有权决定国内各级政府之间的财政关系，省级政府有权决定本省内各级政府之间的财政关系，地市级政府有权决定本市内各级政府之间的财政关系，县级政府有权决定本县内各级政府之间的财政关系。在实际操作中，各级政府间财政关系实行的是"下管一级"的管理体制。中央政府仅与各省直接打交道，设置其与各省的财政收支规则，而各省内部的财政收支分享则由各省自行决定。正如世界银行所言，虽然中国是单一制的政府体系，但是在有关制度安排上却呈现出强烈的联邦制特征。①

基于上述原因，在不同的省份经济区域，其财政收入分享比例及其财政支出分权、转移支付等制度都存在很大差异。因此有学者提出用省内财政社会保障支出分权指标就很有必要，更能反映真实具体的分权状况，即省以下政府财政社会保障支出/全省财政社会保障总支出比重。

综上所述，财政社会保障支出分权可以从三方面来衡量和测算。

指标一（总量指标）：财政社会保障支出分权＝地方财政社会保障支出/全国财政社会保障支出

指标二（人均指标）：财政社会保障支出分权＝人均地方财政社会保障支出/人均全国财政社会保障支出

指标三（省内指标）：财政社会保障支出分权＝省以下财政社会保障支出/全省财政社会保障支出

二　中央与地方社会保障财政支出分权

鉴于财政社会保障支出统计数据在 2008 年之后得到进一步的规范

---

① 张光．为分税制辩护［M］．北京：中国社会科学出版社，2013：74.

和详细扩充，因此本书主要从 2009 年之后开始测量财政社会保障分权状况。

　　不论是总量指标还是人均指标，2009～2014 年财政社会保障支出分权水平都极高。总量指标分别为 94.24%、95.07%、95.48%、95.27%、95.58%、95.62%（见表 4－2）。同样，人均指标也均在 95% 以上，最低值为 95.53%（见表 4－3）。财政社会保障支出分权远超同期财政支出分权，要高出约 10 个百分点（见图 4－1），后者的总量指标最高值为 85.4%（见表 4－1），人均指标最高为 85.69%（见表 4－3）。这显著反映出财政社会保障支出责任过多地下放给了地方政府。由于各省信息公开程度不同，难以计算全面的省内指标，本书分别从东部、中部和西部选取了经济发展水平不同的几个省份来进行比较分析。由表 4－4 可知，不同省份财政社会保障支出具体分权存在较大差异。所选取的经济较发达的浙江、广东、江苏比经济欠发达的内蒙古、辽宁、吉林财政社会保障支出分权程度更高，社会保障财政支出责任更多由省以下地方政府来完成。这与发达地区的财政分权程度相对较高及地方政府的收入稳定性之间存在一定的联系。

表 4－1　2009～2014 年中央与地方财政支出及其比重

单位：亿元，%

年份	财政支出总额			比重	
	全国	中央	地方	中央	地方
2009	76299.93	15255.79	61044.14	20.0	80.0
2010	89874.16	15989.73	73884.43	17.8	82.2
2011	109247.79	16514.11	92733.68	15.1	84.9
2012	125952.97	18764.63	107188.34	14.9	85.1
2013	140212.10	20471.76	119740.34	14.6	85.4
2014	151785.46	22569.56	129215.90	14.9	85.1

资料来源：历年《中国统计年鉴》。

表 4 - 2 2009~2014 年中央和地方财政社会保障支出比例

单位：亿元，%

年份	财政社会保障支出总额			比重	
	全国	中央本级	地方	中央本级	地方
2009	8332.65	480.79	7851.85	5.76	94.24
2010	9130.72	450.42	8680.30	4.93	95.07
2011	11109.40	502.48	10606.92	4.52	95.48
2012	12595.52	595.67	11999.85	4.73	95.27
2013	14490.54	640.82	13849.72	4.42	95.58
2014	15968.85	699.9	15268.95	4.38	95.62

资料来源：历年《中国统计年鉴》。

表 4 - 3 2009~2014 年财政社会保障支出分权和财政支出分权状况

单位：%

年份	2009	2010	2011	2012	2013	2014
财政社会保障支出分权	95.53	95.57	95.97	95.78	95.90	95.99
财政支出分权	81.11	82.64	85.32	85.49	85.69	85.47

资料来源：根据历年《中国统计年鉴》整理而得。

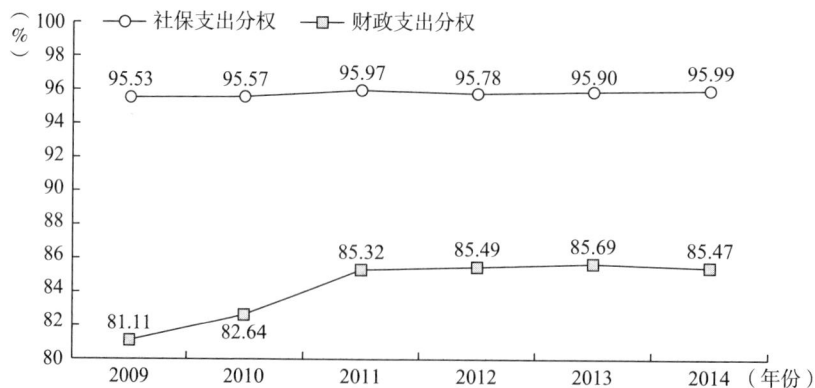

图 4 - 1 财政社会保障支出分权与财政支出分权折线图

资料来源：根据历年《中国统计年鉴》整理而得。

表 4 – 4　2014 年财政社会保障支出部分省内分权状况

单位：亿元，%

省份	2014 年总支出	省级支出	省以下支出	分权率
浙江	435.54	21.59	413.95	95.04
广东	790.63	43.10	747.53	94.55
江苏	709.58	93.73	615.85	86.79
内蒙古	531.76	56.85	474.91	89.31
辽宁	895.91	107.8	788.11	87.97
吉林	390.20	42.1	348.1	89.21

资料来源：根据各省政府官网信息公开专栏整理而成。

三　财政社会保障支出分权效果

有关财政分权对于社会保险、社会救助等社会保障制度的影响已有较多研究成果，而通过分析笔者发现，由于事权与支出责任的不规范，同时也由于社会保障有许多新增加的制度事项，财政分权与财政社会保障分权之间存在差异。有学者实证研究表明，现有文献结论对分权指标的选取有很强的依赖性，不同的分权指标对同一个被解释变量会产生不同甚至截然相反的结果。① 因此，在社会保障财政分权制度影响研究中，使用财政社会保障分权指标比财政分权指标更有意义，结论更为准确。

财政社会保障支出分权对不同的社会保障项目产生不同的影响。《社会保险法》中明确规定，职工应当参加基本养老保险，用人单位和职工共同缴纳基本养老保险费；无雇工的个体工商户、未在用人

---

① 陈硕、高琳. 央地关系：财政分权度量及作用机制再评估 [J]. 管理世界，2012（6）：43 – 59.

单位参加基本养老保险的非全日制从业人员以及其他灵活就业人员可以参加基本养老保险，由个人缴纳基本养老保险费。由此可见，城镇职工养老保险是强制性的，与就业状况直接挂钩，因此，其制度覆盖广度和深度更多与就业环境相关，而与财政状况关联度不大。而城乡居民养老保险和城乡居民医疗保险是个人自愿参加的，政府有直接的补贴责任和义务，因此与政府的财政状况和财政制度更为密切。

西方国家的经验是财政分权可以提高社会福利。但是针对中国的研究结果表明，财政分权并非如此。比如，财政分权并没有带来地方小学义务教育水平的提高；[①] 财政分权对城乡居民养老保险有明显的抑制性反向作用。

中国社会保障制度运行中存在较为明显的上级政府的行政发包和下级政府的被动执行的现象。社会保障对于中国当前地方政府更多的是被动执行的状态。社会保障制度的制定多由中央决定，而且在决策过程中，并不可能顾及所有地方政府的意愿，也并非都是上下一致的共识。中央政府在确定了政策后，更多是交由地方政府执行和实施，地方政府也有一定的自由裁决权。但这种自由裁决权更多体现在上下级信息不对称情况下的地方政府的碎片化权威。在这些行政任务发包和指标考核压力下，地方政府也处在左右为难的博弈之中。一方面，缺乏足够的动力去推动有关社会保障制度的执行，而且社会保障制度的推行需要地方政府资金的配套，额外增加地方政府的财政负担。另一方面，由于上级政府不仅有发包的主导权，而且有评价和考核的主导权，因此地方政府又必须尽最大的努力去保证完成社会保障方面的业绩。

---

① 乔宝云、范剑勇、冯兴元. 中国的财政分权与小学义务教育 [J]. 中国社会科学，2005（6）：37-46.

第五章　当前中国财政社会保障支出及其分权存在的问题

第一节　财政社会保障支出水平问题

一　财政社会保障支出水平适度性分析

财政社会保障支出是质与量的结合。从"量"上讲，有"高、低"之分，从"质"上讲有"适度"与"不适度"之分。虽然不同的国家，由于治国理念不同、社会保障发展模式不同、社会保障税费形式不同、是否纳入预算要求不同，其财政社会保障具体水平会存在一定的差别，财政社会保障支出水平没有绝对的判断标准，但仍然存在一些普遍规律。

1. 随着一国经济发展水平的提高，财政社会保障支出比重会逐渐增加

随着一国经济发展水平的提高，该国所需要解决的问题和民众对于公共产品和公共服务的需求会有不同，因此在经济社会发展的不同阶段，财政支出的方向和结构必然会发展变化，而这种变化具有一定

的规律性。马斯格雷夫和罗斯托在财政支出阶段论中指出，在经济社会发展早期和中期，财政支出中用于基础设施和经济建设发展的支出较多，但是到了经济社会发展中后期，随着人口老龄化和公众对于社会保障和社会福利方面的需求不断增加，财政社会保障支出会明显地增长。

2. 更注重公平发展的国家，财政社会保障支出在整个社会保障中的比重会较高

广义的社会保障支出的资金来源，莫过于以下四种：一是税收，既包括一般税收，也包括特种税收（社会保障税类）等；二是社会保险缴费，一般由雇主和/或雇员缴纳；三是政府投资收入或资产收益所得；四是其他收入，包括行政性收费、彩票收入以及国债收入。在绝大多数国家，税收收入和社会保险缴费是社会保障支出的最主要的资金来源。

社会保障支出的筹资结构不仅仅是简单的资金来源问题，更是一国治国理念的体现和反映。正如有学者指出，一国的财政收入和支出结构既是经济问题，也是政治问题，更是哲学问题。因为经济决策并不仅仅以经济分析为最终依据，政府进行（或不进行）某项活动，很大程度上取决于伦理和政治上的判断。[①] 社会支出水平的提高，归根结底来源于公共财政收入的提高。任何一个国家财政收入的提高，均涉及各种财政增收的方式，而不同财政收入方式的选择，本身就是福利体制的一种制度性因素，对于相应公共政策的制定和实施都会产生深刻的影响。社会支出筹资模式（或收入结构）的差异，自然会影响社会政策的公平与效率，尤其是再分配和激励效应。[②] 社会

---

① 哈维·S. 罗森. 财政学（第7版）[M]. 北京：中国人民大学出版社，2006 (12)：7.
② 顾昕. 中国社会政策支出的筹资模式：收入结构的公平程度与激励效应 [J]. 河北经贸大学学报，2016 (3)：8 - 17.

支出的筹资结构不仅仅是简单的收入来源问题，也是治理理念的反映。①

具体来看，通常在社会民主主义型福利国家，更崇尚公平民主，国民对社会福利的获取依赖于劳动力市场参与程度的较低，社会保障支出主要依赖于一般税收，社会福利的配置高度遵循普惠原则；法团主义型福利国家更崇尚共享和分责，社会保障支出更多来源于社会保障缴税（费），国民社会福利的获取并不遵循普惠原则，更主要与其工作或劳动贡献相关，非商品化程度居中；而在自由主义福利国家，更崇尚自由和个人选择主义，在社会保障支出中通常社会保障税（费）占据相当大的比重，国民获取福利的资格既取决于收入水平，也取决于他们参与劳动力市场的能力、意愿和努力，社会福利非商品化程度较低。② 此外，有些国家社会保险是采用缴税的形式，直接纳入国家财政预算，这部分收入在支出时与一般税收等一起共同构成了财政社会保障支出，因此从比例上看财政社会保障支出水平较高；还有些国家社会保险采用缴费的形式，独立于国家财政预算，和财政社会保障支出形成不同的支出方式和渠道，因此财政社会保障支出水平较低。

3. 财政社会保障支出水平不宜过高或过低

对于财政社会保障支出的适度性的认识在经历了社会保障变革尤其是 21 世纪初的欧债危机之后，基本达成了共识，既不宜过低也不宜过高。财政社会保障支出水平过低意味着国家在社会保障建设中的责任承担较少，社会保障建设不仅是国家福利体系的建设，同样是国家

---

① 顾昕. 中国社会政策支出的筹资模式：收入结构的公平程度与激励效应 [J]. 河北经贸大学学报，2016（3）：8－17.

② Gesta Esping-Anderson. The Three Worlds of Welfare Capitalism [M]. Princeton. Princeton University Press, 1990.

社会建设和国家治理体系建设中不可或缺的一部分。通过社会保障建设不仅起到防范各种社会风险尤其是与工业化密切相关的各种风险的作用，而且是共享社会发展成果、调节社会收入分配、维护国家健康和稳定的重要政策工具和手段。因此在社会保障建设中不能仅仅依靠市场和社会的力量，国家有必不可少的承担责任。因此，不管从小口径还是从宽口径的角度，财政社会保障支出水平不宜过低。反之，如果一国财政社会保障支出水平过大，必然会给财政和国家运营造成过大的负担，不利于经济和社会的长远发展。

二　全口径预算角度下的我国财政社会保障支出真实水平

第三章对财政社会保障支出水平进行了衡量，2015 年小口径下的支出水平为 10.81%，宽口径下的支出水平为 17.3%。在宽口径下，已经将公共财政下用于社会保障方面的诸项内容涵盖在内，包括社会保险财政补助支出、社会救助财政支出、社会优抚支出及住房保障支出等多个方面，从支出内容上基本涵括了财政社会保障所有支出，没有遗漏。17.3% 反映了我国财政社会保障支出的真实水平吗？其实并不尽然，问题在于分母。

我国当前测量财政社会保障支出水平时，无一例外都是用财政收入总额，但实质上使用的是财政预算口径中范围最小的指标。在我国，财政收入并不等同于政府收入。我国在 2003 年党的十六届三中全会上提出了"实行全口径预算管理"的改革目标，经过多年的努力，逐渐将政府总收支划分为一般公共财政收支、政府性基金收支、社会保险基金收支和国有资本经营性收支四类，并形成了公共财政预算、政府基金预算、社会保险预算和国有资本经营预算四类预算的格局。该项工作在 2011 年作为财政工作的重要业绩被加以褒奖和肯定。但是，这仅仅是漂亮的外衣，实质上从规范化和监管的有效性来看并没有真正实现财政的全口径管理。

当前政府收入预算分为四类预算本身符合复式预算的精细化管理模式，从形式上遵循了科学管理的要求，但是除了一般性公共财政预算收支可以在各级政府间统筹安排之外，其余的均分别由不同的职能部门进行掌控，并不能统筹安排。其中，政府基金收支和国有资本经营收支具有公共性质的收支，都是从企业、居民或国有资源获得的，更应该强调用在居民和企业身上，并且遵循规范管理和使用的原则，根据支出的重要性来进行安排。我们可以看到在 2015 年政府性基金支出和国有资本经营支出分别为 42347.11 亿元和 2066.77 亿元，占全部政府总支出额（不包括社会保险支出在内）的 33.86% 和 1.65%，合计为 35.51%。① 但这部分政府支出却基本上没有用于包括社会保障在内的民生支出，而是被分割为若干块分属于不同政府部门掌管的"私房钱"。②

以政府性基金为例。按照我国有关部门的界定，所谓政府性基金，是指各级人民政府及其所属部门根据法律、行政法规和中共中央、国务院文件的规定，为支持特定公共基础设施建设和公共事业发展，向公民、法人和其他组织无偿征收的具有专项用途的财政资金。根据财政部公布的 2015 年财政决算情况，2015 年政府性基金收入总计 42338.14 亿元，政府性基金支出共有 38 项，总计 42347.11 亿元。在 2015 年政府性基金 38 项支出项目中，只有"政府住房基金相关支出"和"彩票公益金相关支出"两项与广义的社会保障事业相关。即使这两个项目的资金全部都用于社会保障，其合计额也仅为 1473 亿元，占

---

① 数据来源：《2015 年全国政府性基金支出决算表》和《2015 年国有资本经营支出决算表》。
② 高培勇. 财税体制改革与国家治理现代化［M］. 北京：社会科学文献出版社，2014：199.

基金支出总额的比例只有 3.5%。同样在 2015 年，国有资本经营支出总额为 2066 亿元，其中用于社会保障和就业方面的支出仅为 26.21 亿元，占支出总额的 1.2%。[①]

值得注意的是，我国现在编入国有资本经营预算的仅为国有资本经营利润中的很小的一部分。按照经济学基本逻辑，谁投资谁所有谁受益原则，国有资本是国家投资、国家所有、国家受益亦即全民受益。但是我国在 1994 年分税制改革之后，国有企业并没有向政府上缴利润，这种状况直到 2007 年才发生扭转。1994 年财税体制进行重大改革之初，各级政府开始实行分税制，中央与地方按照财权与事权相匹配的原则，把税种划分成地方税、中央税和中央与地方共享税。同时，国有企业利润分配实行税利分流的分配制度。所谓实行税利分流，国有企业同非国有企业一样，实现的利润首先按统一的企业所得税税率向国家纳税，税后利润则根据企业经营状况确定上缴的比例和数量。通过税利分流，改变原来国有企业利润全部上缴、投资和更新改造等都由政府拨款的收支两条线的管理体制。在 1994 年实行税利分流改革后，鉴于大多数国有企业更新改造任务重、盈利率低的状况，国家有关部门规定，实行税利分流改革的企业近一段时期内只向国家缴纳所得税，税后利润留归企业，用于发展生产。这一规定一直执行，即使 2000 年之后，国有企业经营和盈利状况大为改观，但仍然保持国有企业不向各级政府和财政上缴利润的状态。直到 2006 年世界银行经济学家针对国有企业分配的研究报告[②]在学界和社会民众中引发了高度关注和广泛讨论，最终在 2007 年催生了国有资本经营预算试点的工作。试点伊始，国有企业上缴利润的范围仅限于烟草、石油等几个行业，

[①]　数据来源：《2015 年全国政府性基金支出决算表》和《2015 年国有资本经营支出决算表》。

[②]　2006 年世界银行经济学家高路易、高伟彦、张春霖发表联合署名的研究报告《国有企业分红：分多少？分给谁？》。

上缴利润比例也仅为利润总数的 5% ~ 10%。近几年，上缴的行业范围和比例虽有所上升，但也仅停留在 15% ~ 20% 的水平。学者专项研究显示，2013 年我国国有企业的净资产约为 52 万亿元，如果国有企业的净资产收益率[①]为 10%（同期非国有企业净资产收益率为 15.6%），则国有企业利润应为 5.2 万亿元。[②] 但从财政部官方网站公布的 2013 年全国国有资本经营收入决算表来看，2013 年纳入国有资本经营预算的收入总额仅为 1713.36 亿元。若按照 5.2 万亿元的估算值，上缴比例仅为 3.3%。而其余部分用于国有企业自循环，可以用于投资经营，也可以用于其他方面，游离于公众监督之外。

公共财政的精髓在于满足公共需要、接受公共监督。从上述分析中可见，在当前的中国，可以说社会保障是最重要的公共需要之一，但是从广义的政府收入来看，用于社会保障的比例仍然偏低。公众决定、约束、规范和监督政府收支活动的重要途径和手段就是预算制度，而且这种预算制度要具有归一性[③]、公开性和法治性。法治性是制度基础，公开性是外在表现，而归一性为其制度归宿。中国构建现代公共财政制度的核心就在于政府预算制度的改革。而同样正因为真正符合现代财政体制的预算制度的缺失，财政收入不断攀升的同时，财政支出却没有受到约束。用科尔奈的话说，如果政府存在预算软约束，必然会在市场上产生负面激励。[④]

这样的管理模式和管理逻辑的根源在于既得利益的纠葛和传统体

---

① 净资产收益率是当年收益与净资产的比值。净资产 = 资产 - 负债，所以一般在企业有负债的情况下，净资产收益率会高于资产收益率，并且负债比率越高，净资产收益率和资产收益率的差距会越大。

② 盛洪. 没有约束的财政支出是宏观税率攀升的主要动因 [EB/OL]. FT 中文网，2017 - 2 - 7.

③ 所谓归一性即所有的政府收支，除了特殊的例外，都必须纳入政府预算，都必须受到政府预算的约束与规范。

④ Yingyi Qian, Barry R. Weingast. Federalism as a Commitment to Preserving Market Incentives [J]. Journal of Economic Perspectives, Autumn 1997, 11 (4): 83 - 92.

制的惯性，只有跳出这种逻辑思维和管理模式才能真正实现现代公共财政制度，让政府的收支都能纳入公共轨道，并将公共规则和公共理念适用整个社会。并且，所有的政府收入而不是现有的狭义的财政收入纳入公共轨道才真正符合中国公有制和中国社会建设及经济建设协同并进的发展方向。公有制为主体、多种所有制经济共同发展的基本经济制度，是中国特色社会主义制度的重要支柱，也是社会主义市场经济体制的根基。在我国社会保障改革的发展中，应该更多体现出公有制为主体、国有资本全民所有全民受益的中国特色。

在我国，虽然政府实际收入中包含了政府基金收入、国有资本经营收入等一般性公共财政收入之外的来源，但是官方在计算政府宏观税负率时仅仅使用一般性公共财政预算收入，通常比值就较低。而同样在计算财政社会保障支出水平时，如果分母仅用一般性公共财政预算支出，必然会拉升真实的社会保障支出水平。唯有用全口径的政府支出才可以准确衡量我国财政社会保障支出水平，才可以真正进行财政社会保障支出水平国际比较。

全口径下的财政社会保障支出水平中，分子是全口径的社会保障支出，既有所有政府支出中的社会保障项目也有社会保险支出总额；分母同样是全口径的政府支出，既有公共财政支出也有政府性基金支出、国有资本经营支出和社会保险总支出。这样反映的是真正全口径财政社会保障支出水平，可以真正进行国际比较，尤其是和制度规范的西方发达国家进行比较。

在表 5 - 1 中，2012~2015 年，没有包含社会保险支出的政府财政社会保障支出水平分别为 13.3%、13.1%、14.3%、14.65%，显然低于口径二的水平。全口径的财政社会保障支出水平也显著低于 20 世纪初的西方国家的水平，不仅低于瑞典、英国等普惠制福利国家，也比德国、日本等法团型福利国家低，仅与 1996 年的俄罗斯水平相当。

表 5 - 1　2012～2015 年全口径财政社会保障支出水平

单位：亿元，%

相关指标	2012	2013	2014	2015
一般公共财政支出中的社会保障支出（口径二）	20723	23265	25848	30435
政府性基金支出中用于社会保障的支出	994.69	1249.42	1426.7	1473.38
国有资本经营支出中用于社会保障的支出	17.21	19.29	21.58	377.94
前三项财政社会保障支出合计	21734.9	24533.71	27296.28	32286.32
除社会保险外的政府支出合计	163686.48	192274.38	205263.54	220290.88
前三项社会保障支出/除社会保险外政府支出总和	13.3	13.1	14.3	14.65
社会保险支出	23931	28744	33681	39118
全口径财政社会保障支出总额	45665.9	53819.9	63113.7	71404.42
全口径政府支出	187617.48	221018.38	238944.54	259408.88
全口径下的财政社会保障支出水平	24.3	24.4	26.4	27.5
全口径下的社会保障水平	8.79	9.46	9.80	10.5

　　注：由于从 2012 年才有了全口径的政府支出指标，因此全口径的财政社会保障支出水平从 2012 年开始计算。

　　资料来源：根据历年《全国公共财政支出决算表》、历年《全国政府性基金支出决算表》、历年《全国国有资本经营支出决算表》、历年《全国社会保险基金决算》整理而得。

表 5 - 2　1996 年部分国家社会保障支出水平（占 GDP 的比重，%）

国家	社会保障支出水平	国家	社会保障支出水平
阿根廷	12.4	印度	2.6
巴西	12.2	马来西亚	2.9

续表

国家	社会保障支出水平	国家	社会保障支出水平
智利	16.2	泰国	1.9
厄瓜多尔	2.5	印度尼西亚	1.7
圣萨尔瓦多	3.6	新加坡	3.3
乌拉圭	22.4	蒙古国	8.8
哈萨克斯坦	13.6	斯里兰卡	4.7
俄罗斯	10.4	肯尼亚	2.7
波兰	25.1	埃及	5.4
匈牙利	22.3	马达加斯加	1.3
罗马尼亚	12.4	摩洛哥	3.4
伊朗	6.1		

资料来源：国际劳工组织报告。

表 5 - 3　部分 OECD 国家 1960 ~ 2001 年社会保障支出水平
（占 GDP 的比重，%）

年份	1960	1980	1985	1990	1995	1998	2001
加拿大	—	14.3	17.4	18.6	19.6	18.4	17.8
法国	13.4	21.1	26.6	26.6	29.2	29	28.5
德国	20.5	23	23.6	22.8	27.5	27.4	27.4
日本	5.8	10.2	11	11.2	13.5	14.5	16.9
韩国	—	—	—	3.1	3.6	5.9	6.1
墨西哥	—	—	1.8	3.8	8.1	8.8	11.8
瑞典	12.8	28.8	30	30.8	33	30.4	28.9
土耳其	—	4.3	4.2	7.6	7.5	11.1	—
英国	13.9	17.9	21.1	19.5	23	21.5	21.8
美国	10.3	13.3	13	13.4	15.5	14.5	14.8

资料来源：根据 OECD 有关数据整理。日本用 1970 年数据指代 1960 年数据。

表5-4　部分国家财政社会保障支出占财政支出比重

单位：%

国家	比重	国家	比重
法国	38.6	马来西亚	13.4
德国	46.2	泰国	11.9
日本	34	印度尼西亚	9.8
英国	39.5	巴西	36.7
瑞典	41.4	肯尼亚	7.5
意大利	38.4	俄罗斯	26.9

注：第1列国家为2001年数据，第2列国家为1996年数据。

资料来源：转引自财政部社会保障司课题组. 社会保障支出水平的国际比较 ［J］. 财政研究，2007（10）：38.

三　财政社会保障支出近年增长不利

从口径一来看，1998～2015年，我国财政社会保障水平处于先升后降再徘徊的变化状态，从1998年的7.9%激增到1999年的10.43%后，到2015年仍然仅处于10.81%的水平。整个变化可以分为三个阶段。在第一阶段，1998年公共财政确立，同时社会保障进入快速建设期，不仅财政社会保障支出保持较高的增长，而且财政社会保障支出水平也逐年提高，从1998年的7.9%快速提高到2004年的12.08%，很显然在该阶段财政社会保障支出的增长速度"跑赢了"同期的财政支出增长速度。但在2004～2009年的第二阶段，虽然财政社会保障支出仍然保持每年递增，但是财政社会保障支出水平呈现出不稳定的发展趋势，有"大小"年的变化特点，且总体趋势为下降的状态，2005年为12.38%，2009年则下跌到9.97%。2005～2009年是财政收入增长最快的时期，财政收入年增长率均为两位数以上，有些年份达到20%以上。很明显该阶段的财政社会保障支出水平增长没有跟上同期财政收入和财政支出的增长步伐。在 2010～2015 年的第三阶段，财政社会保障支出水平进入增长"停滞"的时期，每年的增长率在 0.3% 左右，呈现出蜗牛式爬行状态。从这三个阶段财政社会保障支出增长的具体表现来看，财政社会保障支出的绝对值随经济的增长而增长，但是财政社会保障支出占财政支出和GDP 的比重均没有明显的上升。这反映出经济增长确实促进了财政社会保障支出绝对规模的增加，但是财政社会保障支出相对规模增长速度明显落后于经济增长和市场开放的速度。这与瓦格纳法则定律、马斯格雷夫阶段论和发展经济学的理论是不相符的。

第二节　财政社会保障支出公平效率问题

财政社会保障支出的初衷不仅在于充裕社会保障支出的资金来源，通过社会保障政府责任的承担，来调节贫富差距，增进社会公平，也是财政社会保障支出的重要出发点，是社会保障通过财政支出完成筹资与通过雇主和雇员缴费完成筹资的重要区别。

一　财政社会保障支出公平性差异的具体体现

首先，财政社会保障支出模式公平性差异。研究表明，社会福利通常定位在某些特定的社会阶层。上层主要依赖财政福利；中产阶层依赖财政福利、职业福利和社会福利；下层大多数只能依靠社会福利。[①] 在我国社会福利也呈现出阶层化的特征，而这种划分在财政社会保障支出方面，通过不同的财政责任模式表现出来。以养老保险财政责任为例。在机关事业单位养老保险改革之前，养老退休金财政责任存在明显的差异。城镇职工养老保险制度并没有明确规定政府在养

---

① 蒂特马斯. 社会政策十讲 [M]. 吉林：吉林出版集团有限责任公司，2011.

老保险制度中具体的财政责任，但从实际的情况来看，基本上属于财政兜底模式。城乡居民养老保险制度中明确规定，中央政府对中西部地区进行基础养老金的全额给付，同时对东部地区基础养老金承担一半的给付责任，同时地方政府对缴费给予补贴，属于既"补入口"又"补出口"的责任模式。而政府对于国家机关事业单位负有雇主责任，采用的是全额补贴或差额补贴财政资助模式。在机关事业单位养老保险改革之后，这种模式差异仍然一定程度上存在。

其次，财政社会保障支出地区公平性差异。中国幅员辽阔，各地经济发展水平参差不齐，人口结构差别所带来的供养比不同以及各地政府对于社会保障事业偏好差异等主客观原因，使得不同地区的财政社会保障支出责任存在较大分裂和差距。

最后，财政社会保障支出城乡公平性差异。由于中国城乡二元社会经济结构的差异，城乡间公共产品提供呈非均衡性特征，社会保障发展在城乡也表现为不同的建设发展路径，财政社会保障支出责任存在明显的差异性。

二　财政社会保障支出地区公平性分析

关于财政社会保障支出区域差异性分析，有不少学者进行了相关研究。学者使用不同的研究方法和不同的研究指标，对不同区域以及城乡之间的社会保障水平和公共服务水平进行比较分析和评估测量，进而提出相关建议。东、中、西部三个地区的财政支出差距仍然存在，但是地区差距在日渐缩小，反而地区内的差距日益增大。城市低保水平明显高于农村，东部社会保障服务水平和质量显著高于中西部。① 巴曙松

---

① 李雪萍. 基本公共服务均等化的区域对比与城乡对比——以社会保障为例 [J]. 华中师范大学学报，2008（3）：18-25；柯卉兵. 中国社会保障支出的地区差异分析 [J]. 公共管理学报，2009（1）：55-63.

等对 2001～2010 年全国 31 个省、自治区、直辖市的财政社会保障支出相关指标用谱系聚类分析，按照社会保障财政能力相似性分为四个地区，并详细分析了这四个社会保障财政能力区域的差异表现。[①] 由于 2008 年之后，中国的经济增长状况相较此前发生了变化，而且新型农村养老保险从 2009 年开始实施，至此中国社会保障的相关制度基本健全，基本实现了制度上全面覆盖。因此，本书着重分析研究 2009 年之后的财政社会保障支出地区差异状况。

1. 分析过程

本书采用人均财政社会保障支出指标来反映各省财政社会保障支出差异状况。在 2009 年，人均财政社会保障支出超过 1000 元的共有 6 个省份，分别为北京、内蒙古、辽宁、上海、西藏、青海。其中有三个为东部地区省份，三个为西部地区省份，没有中部地区省份。根据表 5 - 5，31 个省份人均财政社会保障支出最高的为上海（1750 元），最低的为浙江（296 元），这两个省都在东部地区，可见东部地区人均财政社会保障支出差距最大，最高值是最低值的 5.91 倍。中部地区相对差距最小，人均财政社会保障支出最高的吉林（914 元）是最低的河南（425 元）的 2.15 倍。西部地区最高省份为青海（1690 元），最低为贵州（395 元），前者是后者的 4.27 倍。

根据表 5 - 5，2009～2014 年，人均财政社会保障支出增长最快的为浙江（167.23%），最低的为上海（17.31%），两者的涨幅状况与它们的基数水平有一定的关联。绝大部分的省份都保持在 50% 以上的增长率。

2014 年度人均超过 2000 元的仍然为之前的 6 个省份，但最高省份由上海让位给了西藏（2704 元），最低的为福建（680 元），最高值与

---

① 巴曙松、孔颜、吴博. 我国社会保障财政支出地区差异性的聚类分析 [J]. 华南理工大学学报，2013（5）：1 - 9.

最低值的差距由之前的5.91倍下降为3.98倍。分不同区域来看,东部最高的北京(2365元)是最低的广东(743元)的3.18倍。中部地区人均财政社会保障支出水平最高的黑龙江(1572元)是最低的河南(838元)的1.88倍,西部地区人均财政社会保障支出水平最高的西藏(2704元)是最低的广西(814元)的3.32倍。有意思的是,2014年从地区平均水平来看,西部地区平均水平最高,为1587元;东部地区排在第二,为1311元;中部最后,为1144元。不同地区的差距水平都有所改善,这从离散程度指标也可以得到反映。由表5-6可知,2009~2014年全国人均财政社会保障支出的离散程度除了在2010年突然上升外,整体处于下降的状态,从0.49下降为0.4。

表5-5　2009~2014年各省份人均财政社会保障支出差异

单位:元,%

省份	2009	2010	2011	2012	2013	2014	2009~2014年支出增长额	2009~2014年支出增长率
北京	1335	1406	1758	2051	2218	2365	1030	77.15
天津	944	1060	1242	1424	1558	1711	767	81.25
河北	451	499	589	645	721	793	342	75.83
辽宁	1200	1325	1500	1658	1877	2040	840	70.00
上海	1750	1574	1779	1861	1938	2053	303	17.31
江苏	387	463	610	704	795	891	504	130.23
浙江	296	379	534	631	722	791	495	167.23
福建	366	401	497	548	638	680	314	85.79
山东	362	435	520	616	701	780	418	115.47
广东	417	450	522	577	702	743	326	78.18
海南	917	849	1072	1197	1295	1578	661	72.08
吉林	914	922	1088	1105	1309	1418	504	55.14
黑龙江	888	798	1023	1195	1414	1572	684	77.03

续表

省份	2009	2010	2011	2012	2013	2014	2009~2014年支出增长额	2009~2014年支出增长率
湖北	601	643	780	867	1044	1234	633	105.32
湖南	563	603	734	792	935	983	420	74.60
山西	691	768	895	982	1154	1236	545	78.87
安徽	496	561	658	767	885	947	451	90.93
江西	495	522	608	717	838	930	435	87.88
河南	425	490	584	671	777	838	413	97.18
广西	419	471	540	603	738	814	395	94.27
内蒙古	1135	1183	1466	1749	1966	2123	988	87.05
重庆	821	821	1161	1369	1454	1682	861	104.87
四川	557	638	802	842	1028	1139	582	104.49
贵州	395	405	561	676	755	854	459	116.20
云南	665	662	835	942	1078	1239	574	86.32
西藏	1150	1060	1904	2128	2338	2704	1554	135.13
陕西	761	845	976	1122	1322	1434	673	88.44
甘肃	758	840	1089	1143	1343	1452	694	91.56
青海	1690	3366	2880	3133	2803	2539	849	50.24
宁夏	763	553	1126	1385	1571	1759	996	130.54
新疆	822	762	913	1020	1162	1309	487	59.25
均值	756	831	1008	1133	1261	1375		

资料来源：根据历年《中国统计年鉴》、历年《中国财政年鉴》、历年《中国劳动统计年鉴》整理而得。

表 5-6　2009~2014 年各省份人均社会保障支出离散程度

年份	极大值（元）	极小值（元）	极差（元）	极值比（倍）	均值（元）	标准差（元）	变异系数
2014	2704	680	2024	3.98	1375	559	40.65%
2013	2803	638	2165	4.39	1261	545	43.22%

续表

年份	极大值（元）	极小值（元）	极差（元）	极值比（倍）	均值（元）	标准差（元）	变异系数
2012	3133	548	2585	5.72	1133	573	50.57%
2011	2880	497	2383	5.79	1008	521	51.71%
2010	3366	379	2987	8.88	831	555	66.84%
2009	1750	296	1454	5.91	756	371	49.09%

资料来源：根据表5-5计算而得。

2. 总体评价

从2009~2014年财政社会保障支出地区间差异分析可见，近些年来随着各项社会保障制度的开展，财政社会保障支出的地区差距在缩小，公平性有明显改善。但是，公平性还不够，仍然存在诸多不足。首先，财政社会保障支出的差异不均衡，地区内的差异大于地区间的差异，尤其东部地区内的差异明显大于中部和西部地区内的差异。其次，总体来看，经济对财政社会保障的推动作用并不明显。各地区人均社会保障支出绝对值确实随着经济的增长而增长，经济增长确实推高社会保障支出的绝对规模，但是财政社会保障支出占财政支出的比重不但没有上升，反倒是随着经济的增长而有所下降，这在某些东部经济发达省份表现尤为明显。最后，从地区具体表现来看，地方政府缺乏将经济发展成果转化为社会保障公共产品的内在激励。在一部分经济发达地区，由于缺乏部分项目的中央财政转移支付，再加上自身对于社会保障财政投入不足，财政社会保障支出比重较低，人均社会保障支出水平处于低位，落后于平均水平，也显著低于经济发展落后地区。这表明，地区经济增长未能有效促进财政社会保障支出水平的提高。与经济发展水平、财政分权对财政社会保障地区差异影响相比较，中央对地方的倾斜性支持政策以及中央财政转移支付在打破地区间经济发展水平差异与财政社会保障支出水平之间存在更为紧密的正向关联。

三　财政社会保障支出城乡公平性分析

1998 年提出"全面覆盖、城乡统筹"的发展战略，尤其是 21 世纪之后中央相关政策的实施，农村社会保障发展开始加速，城乡间社会保障制度差异开始缩小。当前财政对城乡社会保障的具体支出如何？下文将对财政社会保障支出城乡公平性进行详细具体的分析。

1. 分析架构

①城乡社会保障具体制度及财政社会保障支出具体项目。

新中国成立后，采用的是农村服务于城市的发展战略。一则政府对农产品采用统购统销的政策，以补贴工业化；二则 1958 年开始实施的户籍制度把农村户口和城市户口区别开来，限制了人口的流动，尤其是农村人口向城市的迁移。这两项政策都极大地伤害了农民的切身利益。① 社会保障发展路径采取的是同样的逻辑和方略。城市社会保障先于农村社会保障建立，城市社会保障先于农村社会保障完善。

在社会保障社会化改革之前，城市采用的是单位保障制度。改革后，城镇职工建立了基本养老保险、基本医疗保险、失业保险、工伤保险、生育保险等多项社会保险制度。2007 年和 2011 年，又针对城镇居民建立了城镇居民医疗保险和城镇居民养老保险的试点。行政事业单位的养老保险改革一直滞后，直到 2014 年的改革试行。与此同时，城镇社会救助和社会福利的制度框架与制度内容不断成熟和完善。而在城镇社会保障制度完善进程中，财政补贴是很重要和关键的因素。城镇社会保障项目中，养老保险、医疗保险、最低生活保障和

---

① 罗纳德·哈里·科斯、王宁. 变革中国 [M]. 北京：中信出版社，2013：12.

救助制度等都享有财政补助。

与城市不同，农村社会保障很长时间都仅依赖于集体保障和家庭保障，财政仅仅为有限的社会救助和社会福利项目提供支持。包括早期的老农保和农村合作医疗都是以个人缴费和集体经济补助为主。但21世纪之后，农村社会保障制度发生了根本性的变革。2003年启动新农合试点，并在2008年基本实现了制度全覆盖。2007年农村低保在全国普遍推行，2009年启动新农保。这些新型社会保障制度可以快速发展的重要推动因素是各级政府的财政补贴支持。

下文分析的财政社会保障支出主要是财政用于社会保险和社会救助等能明显划分城乡支付的项目，而较为难以区分城乡的支出项目比如自然灾害救助、优抚安置等没有包括在内。同时，农村地区明显缺乏的社会保险项目如失业保险、工伤保险没有涉及。另外，由于从2014年开始城乡养老保险制度和城乡医疗保险制度逐渐实行统筹，在财政补贴支出上合并为一个项目，难以区分城乡所占的具体金额和比重，因此，在数据采集上采用2014年之前的数据。

②具体分析方法和分析指标。

本书主要采用差异比较的方法即城乡财政社会保障支出的实际差异及其变化来衡量城乡财政社会保障支出的公平程度。同时衡量公平是从机会公平、过程公平和总体评价等三个方面展开。机会公平通过财政补贴的社会保障项目覆盖率来体现，过程公平通过财政补贴的总额差异和人均指标差异来体现，根据前两项对城乡财政社会保障支出公平性进行总体评价。

差异指标主要包括绝对指标和相对指标。绝对差异为 $D_k^i = X_k^i - Y_k^i$，其中 X_k^i 代表 K 省 i 指标的城市变量，Y_k^i 表示 K 省 i 指标的农村变量。其次，计算相对变量，相对变量定义为 $RD_k^i = D_k^i / Y_k^i$。最后，将相对变量进行加权平均，计算城乡财政社会保障支出总差异指数。

2. 财政社会保障支出城乡公平性状况

①机会公平评估。

从表 5 – 7 中可以明显地看到城乡社会保障制度覆盖率的变化轨迹，之前两者的差异巨大，之后逐渐缩小，甚至在近些年，城乡享受财政补贴且具有可比性的相关社会保障覆盖率差异出现了翻转。这是社会保障体系建设"从党的十六大到党的十八大，以统筹城乡发展为显著标志，进入城乡统筹、全民覆盖、全面发展时期"[①] 的具体表现。

表 5 – 7　1998～2014 年城乡各项社会保障制度覆盖率差异状况

单位：%

年份	养老保险	医疗保险	低保	医疗救助	总覆盖率差异
1998	26.93	4.07	0.53	0	10.51
2000	28.99	9.43	2.89	0	13.77
2002	29.53	19.27	3.42	0	17.40
2004	30.15	22.82	0.59	0	17.85
2006	32.57	− 0.52	− 0.26	− 0.87	7.74
2008	35.89	− 0.49	− 0.61	− 0.75	8.51
2010	1.54	− 0.38	− 0.62	− 0.66	− 0.03
2012	1.52	− 0.35	− 0.60	− 0.67	− 0.02
2014	1.51	− 0.33	− 0.59	− 0.65	− 0.02

资料来源：历年《中国统计年鉴》、历年《中国劳动统计年鉴》、历年《中国民政年鉴》。

从项目上来看，养老保险曾经一度是城乡覆盖率差异巨大的最主要的源头，这种差异随着 2009 年新农保的实施而显著改善。在医疗保

---

① 尹蔚民. 建立更加公平可持续的社会保障制度［N］. 人民日报，2013 – 12 – 20.

险方面同样如此，2003 年新农合的实施以及随着制度的推广而实现了全覆盖，这一变化明显扭转了城乡覆盖率的差距。当然由于城乡就业环境和参保需求上的差异，农村社会保险制度只有养老和医疗两项，没有工伤、失业和生育保险。为了保证项目的可比性，在社会保险制度覆盖率差异分析时没有将它们考虑在内。如果加上上述三项社会保险项目，城乡社会保险的覆盖率差异会进一步提高。在低保和医疗救助等社会救助方面，2006 年之前，农村社会救助的覆盖面和城市差距巨大，财政资金更多关注城市的倾向非常明显，农村低保仅在部分地区试点运行。2006 年后，农村享有社会救助比例的上升是农村人口"应保尽保率"提高，农村与城市之间生活救助受益率公平性提高的表现。①

②保障公平评估。

从表 5 – 8 可见，随着城乡社会保障制度逐渐统筹，城乡财政社会保障人均支出差距逐渐缩小。

在制度演变和保障过程中，社会保险尤其是养老保险制度的差异是引起城乡社会保障人均支出差距的最主要根源。从 1998 年开始，各级财政对城镇职工养老保险进行财政补贴，补贴数额一路飙升，1998 年为人均 24.43 元，2008 年达到人均 647.45 元。随着新型养老保险制度的实施，财政养老保险补贴人均支出差异在 2010 年急剧下降为3.89，并且差距还在逐渐缩小。医疗保险的变化状态非常相似。在 2003 年新型农村医疗保险开展之后，作为财政补贴最多的社会保险制度之一，补贴总额甚至超过城镇职工医疗保险财政补贴，因此城乡差异指数一度倒挂。2007 年城镇居民医疗保险的人均财政补贴水平和新型农村医疗保险的人均补贴水平基本相当，城乡医疗保险的补贴差距

① 杨红燕. 财政社会保障支出：结构、公平与影响［M］. 武汉：武汉大学出版社，2014：206.

主要集中在财政补贴水平并不高的城镇职工医疗保险制度上。相比较而言，财政对于城乡医疗保险的补贴差距是最小的。

表 5 - 8   城乡社会保障制度财政人均支出差异指数

年份	养老保险	医疗保险	低保	总差异指数
1998	24.43	—	—	24.43
2000	256.84	—	—	256.84
2002	315.78	—	—	315.78
2004	376.59	- 0.34	—	188.12
2006	502.89	- 0.55	1.42	167.97
2008	647.45	0.22	1.85	216.50
2010	3.89	0.23	1.55	1.89
2012	3.78	0.19	1.29	1.76
2014	3.56	0.18	1.20	1.64

资料来源：历年《中国劳动统计年鉴》、历年《中国民政年鉴》、历年《中国统计年鉴》。

而在城镇低保方面，在 2006 年农村地区开始普遍实行低保制度之后，城市低保水平和农村低保水平还是有明显的差距。2006 年城市低保人均 1003.2 元/年，而在农村仅为人均 414 元/年，差异指数为 1.42。这个差距到 2014 年也未显著缩小。而农村特困救助水平和城市的差距会更大。当然，在城乡之间，由于基本生活条件和成本的不同，财政补贴存在一定的差距也有其合理性，因为公平并不意味着绝对的均等。但是，如果差距较大，就会影响公民的福祉。

③总体评价。

随着社会保障体系城乡统筹、全面覆盖建设的深入，不论是从覆盖率还是从财政补贴水平上，城乡差距都在逐渐缩小。不过需要注意的是，农村的社会保障基本都是生活保障和救助，而在城市的社会保障项目和投入中，除了生活保障和救助外，还有较多的是就业投入和就业相关服务。俗话说，授人以鱼不如授人以渔。在农业现代化过程中，农村地区的就业投入和就业服务也应在日后社会保障建设和社会保障财政投入中得到关注。此外，通过社会保障财政支出城乡差异和地区差异的比较，可以发现，社会保障地域差异更大，社会保障地域碎片化更为严重。

四　财政社会保障支出效率低下

由于制度不完善、管理疏漏等多方面原因，财政社会保障支出存在较为突出的支出效率上的不足。

一是财政补贴和社会保险基金大量结余并存所带来的资金使用效率低下。当前，诸多原因，包括社会保险制度转轨成本没有落实、人口老龄化的上升、提高制度吸引增加制度覆盖率等带来了财政社会保障支出的增加，尤其是用于社会保险制度补贴的增加。另外，社会保险存在大量的结余，这些结余由于投资渠道的局限性，大部分都存在了银行活期账户。这就相当于在增加社会保险基金账面余额的同时，直接将财政资金存在银行，除此之外没有其他的增益。很显然，这种低效表现需要通过社会保险制度的调整以及合理化基金投资渠道的增加来改变。

二是社会保障管理体制的不完善等因素造成财政社会保障支出重复支付现象频发，资金使用效率低下。由于国情及管理体制路径依赖，我国的社会保障采用集中和分散相结合的管理体制。城镇职工的社会保险主要由人社部负责管理，民政部主要负责社会救助、优抚安置和社会福利等相关事务的管理，而住房保障由住建部分管。这种管理模式对信息和数据共享，管理缝隙衔接提出了要求和挑战。但现实仍存在诸多不够完善的地方，重复参保、重复领取保险金的现象较为严重，从而带来财政资金浪费的问题。据审计署 2012 年 34

号公告,2011 年全国共有 110.18 万名企业职工基本医疗保险参保人员重复参加了新农保或城镇居民基本医疗保险,造成财政多补贴 5133.52 万元;2.45 万人重复领取养老金 3569.46 万元;有关机构向 7.2 万死亡人员发放养老金、低保金达 1.75 亿元之多。[①] 另外,由于社会保障事务分散管理,多部门负有管理之责,社会保障管理资金效率监控难以落地。属于同一属性的社会保障资金由不同的部委发放,比如新农合补贴资金长期列在卫生部门支出而没有和其他社会保险项目并列,医疗救助和优抚对象补助拨款没有列入社会救助支出等,这些都会造成财政资金统计和绩效评价上的混乱和低效。

三是财政社会保障支出中有贪腐现象的存在,形成了"老鼠仓"。财政社会保障支出资金也是腐败贪腐的重灾区。比如,在针对 158 个贫困县 2016 年度扶贫政策落实和扶贫资金使用的审计中发现,在重点抽查的 336.17 亿元扶贫资金中,由于未能对扶贫财政资金有效落实阳光化管理,日常监管不到位,骗取套取、违规使用、借机牟利等问题资金达 3.81 亿元。审计抽查 41 个县 347 个村的 568 个扶贫项目公示公开不到位或流于形式,不利于保障群众知情权、监督权。加之日常监管不到位、不严格,有 75 个县的 1782 个单位和个人通过骗取套取、重复申报等方式违规获得扶贫资金 1.33 亿元;有 40 个县的 133 个部门和单位违规将 1.59 亿元扶贫经费用于市政建设、弥补经费等非扶贫支出;有 28 个县的 87 个单位和个人利用职权在扶贫工作中违反规定获取收入或借机牟取私利 8842.58 万元。[②]

---

① http://www.gov.cn/zwgk/2012-08/02/content_2196871.htm.

② 2017 年第 6 号公告:158 个贫困县扶贫审计结果,审计署官网,http://www.audit.gov.cn/n5/n25/c97001/content.html.

第三节　财政社会保障政府间支出责任问题

党的十八届三中全会明确指出，财税体制是国家治理的重要支柱。社会保障制度的完善离不开财政体制的前驱性改革，现行财政体制所存在的缺陷对于社会保障发展的牵绊作用十分明显和突出。事权划分是分税制的基础，而社会保障事权划分不清所带来的支出责任问题给社会保障制度建设带来很大的阻碍。

一　不同层级之间社会保障事权划分与支出责任划分不清

在市场经济条件下，政府的主要职责是为社会提供公共产品和公共服务，这些产品或服务的提供需要不同层级的政府通过分工协作来完成。清晰的事权划分是关键。唯有明确不同政府的事权，才能保证政府对公共服务的完整、有效的供给。中央与地方政府间关系的有效运行是处理好政府与市场关系的重要保证，否则，一定会出现公共服务缺位和不到位的现象。

1994 年分税制改革中关于政府间支出责任划分基本上沿袭了改革前中央地方划分支出的方法，并没有进行实质性和系统性的变革。也就是说，现行的事权划分基本上还是延续市场经济体系建立初期的划分模式，并不适用于当前的经济和社会发展状况。而在 1994 年我国社会保障市场化改革刚刚开始，因此在当时的事权划分中，社会保障是个空白点，对于不同层级政府的事权划分基本没有涉及。

表 5 – 9　1994 年中央地方支出责任划分

中央财政支出	国防、武警经费，外交支出，中央级行政管理费，中央统管的基本建设投资，中央直属企业的技术改造和新产品试制费，地质勘探费，中央安排的农业支出，中央负担的国内外债务的还本付息支出，以及中央负担的公检法支出和文化、教育、卫生、科学等各项事业费支出
地方财政支出	地方行政管理费，公检法经费，民兵事业费，地方统筹安排的基本建设投资，地方企业的改造和新产品试制经费，地方安排的农业支出，城市维护和建设经费，地方文化、教育、卫生等各项事业费以及其他支出

资料来源：李萍. 财政体制简明图解［M］. 北京：中国财政经济出版社，2010：190.

很长一段时间，我国没有清晰的事权划分，地方政府承担了应当由中央政府完全承担支出责任的项目经费，应由地方政府承担的项目中央财政也安排了拨款。几乎所有的财政支出项目都是共同项目，几乎所有的事务都是共同事务，你中有我，我中有你，职权不明，责任不清。长期以来，我国政府支出责任一般采用"下管一级"的办法，即上级政府依次决定下级政府的支出划分，省级政府决定市（地）的支出划分，市级政府决定县级政府的支出划分。[①] 这在一定程度上造成各级政府事权大致相同的现象。地方政府拥有的事权基本相同，下一级政府基本上是上一级政府的翻版。

中央与地方政府间事权划分不清直接影响到社会保障领域改革的推进与深化。社会保障建设需要财政承担很大的支出责任，社会保障财政支出如何在中央政府与地方政府间划分，事权的划分是前提和关键。经过 30 多年的社会保障社会化改革，社会保障体系已基本确立并逐步完善，政府的支出范围大幅增加，许多与民生相关的支出内容显著扩充。但是，政府间支出责任划分并不全面，相关规定过于原则化和笼统化，不够具体，可操作性差。在社会保障领域缺乏明确的政府

---

① 李齐云. 建立健全与事权相匹配的财税体制研究［M］. 北京：中国财政经济出版社，2013：156.

间责任划分背景下，之后所推出的很多改革项目，包括 2001 年的农村合作医疗、2009 年的农村养老保险等，基本上都是采用一事一议的方式来确定中央与地方的具体支出责任。社会保障制度安排中国家财政责任的非制度化与缺位现象，无疑会直接损害制度建设的有计划性和可预见性，阻碍制度的长远发展。

与此同时，从我国中央与地方财政社会保障支出状况来看，中央和地方的分配比例并没有呈现出趋势化的规律，有些项目甚至变化巨大，显示中央与地方在社会保障事权和事责调整上随意而且多变。[①]同时，在区域支出上也存在同样的问题。以社会救助为例，虽然世界各国社会救助管理责任有集权与分权的取向和选择不同，但是社会救助支出责任基本上都主要由中央政府来承担。然而，从中国的社会保障支出责任来看，不同省份的地方财政责任呈现出巨大的差异。如果说北京、广东、上海等东部经济发达地区中央的财政补贴为零，是因为它们经济发展水平及中央最低生活保障补贴的地区差异政策，但是同为经济比较落后的中部省份的内蒙古和安徽，其城镇低保支出中中央所占比重分别为 51.9% 和 85.8%，[②] 这是用经济发展水平和低保人口需求差异解释不通的。这从某个角度折射出包括社会救助在内的社会保障总体上处于划分无序的初始阶段，远未走上制度化、规范化、法制化道路，[③] 中央、地方支出责任的科学性和合意性有待提高。

党的十八届三中全会中明确提出要建立事权和支出责任相适应的制度。成熟市场经济国家的经验是，在各级政府进行清晰事权划分的基础上，地方事权出现财力缺口通过均衡性转移支付来解决，中央委托事务和中央地方共同事务通过专项转移支付解决。

---

① 林治芬. 中央与地方社会保障事责划分与财力匹配 [J], 财政研究, 2014 (3): 37 - 42.
② 杨红燕. 财政社会保障支出: 结构、公平与影响 [M]. 武汉: 武汉大学出版社, 2014: 257.
③ 林治芬. 中央与地方社会保障事责划分与财力匹配 [J], 财政研究, 2014 (3): 37 - 42.

二　社会保障事权过于向地方集中造成地方政府社会保障支出责任过大

虽然中央政府与省级政府之间的财政体制存在很多缺陷，但其财政收入划分是明确和清晰的。而我国现行的分税制并没有对省以下政府间的财政收入划分、支出责任和转移支付等管理体制给予明确的规定，而是由省级政府自主决定。其结果是省一级政府不断地将财权上移，而将支出责任层层下移，造成县一级政府实际上承担了过多的事务与支出责任，财政压力巨大。近些年，中央陆续调整了省以下财政体制，开展了"省直管县"和"乡财县管"试点，一定程度上有利于基层政府财力的恢复和财政压力的缓解。但是，随着公共财政保障范围的拓宽和支出标准的提高，由于省以下财力分布仍然不够合理，部分基础财政压力仍然较大。从省、市、县三级财力分布来看，2008年按照财政供养人口计算的人均财力，省级为15.9万元，市级为15.8万元，县级仅为4.5万元，省、市两级分别是县级的3.6倍和3.5倍。如果以居民人口为计算基础，省、市、县财政悬殊会进一步扩大。[①]

虽然近年来中央对地方的转移支付规模不断加大并向财力薄弱地区倾斜，中西部地区公共服务能力有所提升，但是，地区间的财政差距并没有显著缩小，甚至高于1993年的水平，与中央提出的基本公共服务均等化要求存在较大差距。[②]

2016年我国全面实行"营改增"改革。我国现行的税种有18个，增值税在中国绝对是第一大税种，在税收总额中占比为30%以上，同时增值税是最重要的分享税，中央和地方的分享比例为75∶25，也就是中央在税

---

①　李萍主编. 中国政府间财政关系图解 [M]. 北京：中国财政经济出版社，2006：203.

②　李萍主编. 财政体制简明图解 [M]. 北京：中国财政经济出版社，2010：256.

收体系第一大税种中占了大头，这在一定程度上决定了中央在财政收入中的集权。营业税是地方税、非分享税，占税收总额的 15% 以上，是地方财政收入的最重要来源，这在一定程度上决定了地方的财力。

2016 年"营改增"之后意味着地方财力会愈来愈弱，财权的独立性会减弱。[①] 虽然现今财政体制的改革方向是事权与支出责任相匹配，不再提事权与财权相匹配，但是分权制下事权的划分，地方政府自主性提高，都应以地方政府有稳定的、独立的财权、财力为基础，稳定的事权与支出责任相匹配也应该以独立的地方财权为根本。同时，就社会保障建设来看，其中多项制度建设的稳定性都与地方财力直接挂钩。比如，有学者研究表明，地方财政收入水平对城乡居民养老保险参保率具有显著的正向影响，提高地方政府财力无疑是该制度推进过程中的决定性因素。[②] 在缺乏独立财力的情况下，地方政府的财政社会保障支出会更依赖于转移支付，这不是长期优化的选择。

在我国当前的社会保障事权安排中，养老、医疗等社会保障基本上由地方政府负责完成筹资、管理，中央政府仅仅给予补贴，这显然不利于公平公正，也不利于统一市场的建立。[③] 以 OECD 国家为例，在安排政府间事权时会更多地考虑外部性、信息复杂度及激励相容等原则。在相关社会保障支出方面，会更照顾到社会公平以及保持劳动力市场的统一性和流动性，中央政府承担了更多的事权和支出责任，来进行统一的管理和投入。当然，与养老保障相比，医疗管理事务由于涉及更详细的信息和资料，地方政府参与管理更能实现信息对称，会更有效率。从表 5 - 10 和表 5 - 11 中可见，2009 年在 26 个 OECD 国

---

① 虽然在 2016 年增值税的分享比例暂时调整为 50∶50，但不能改变地方税没有了独立的大税种的事实。

② 王晓洁、王丽 . 财政分权、城镇化与城乡居民养老保险全覆盖——基于中国 2009～2012 年省级面板数据的分析 [J] . 财贸经济，2015（11）：75 - 87.

③ 楼继伟 . 中国政府间财政关系再思考 [M] . 北京：中国财政经济出版社，2013：268.

家中，有 17 个国家的医疗支出中央政府高于州和地方政府，平均支出水平为 34.6%，远高于州和地方政府。在社会保障支出中，21 个国家的中央支出高于州和地方政府，仅有 5 个国家即比利时、韩国、西班牙、丹麦和瑞士是中央政府支出份额低于州和地方政府。而我国的状况正好相反，地方政府承担的支出责任远远高于中央政府。可见，在现代分权国家中，地方政府在社会保障事务中承担很多责任，但中央政府同样承担了较多职能，并且很大一部分是由中央政府直接支出。而我国情况却正好相反，中央政府直接支出"过小"，一些本该由中央政府承担的职能和支出责任直接下放给了地方政府。从我国 2015 年财政社会保障中央与地方分项支出状况来看，中央直接支出比例几乎可以忽略不计，在财政社会保障主要项目中超过 98% 以上的支出责任都直接由地方政府来完成。财政社会保障支出分权过大。事权履行重心过度下移，容易引发国家治理风险，适当上移事权履行，并相应上移支出责任是必要的。①

表 5 - 10   部分 OECD 国家 2009 年医疗支出结构

单位：%

国家	医疗			
	中央	州	地方	社保基金
奥地利	11.1	24.2	13.4	51.3
比利时	12.7	1.8	2.1	83.3
捷克	19.9	0.0	3.6	76.4
丹麦	1.9	0.0	98.1	0.0
爱沙尼亚	27.6	0.0	19.9	52.6
芬兰	30.5	0.0	59.3	10.2
法国	2.6	0.0	1.5	95.8

① 刘尚希. 基于国家治理的财政改革新思维 [J]，地方财政研究，2014 (1)：4 - 5.

续表

国家	医疗			
	中央	州	地方	社保基金
德国	0.1	2.9	1.8	95.2
匈牙利	27.4	0.0	19.7	52.9
冰岛	72.5	0.0	0.7	26.8
爱尔兰	99.3	0.0	0.0	0.7
以色列	69.3	0.0	0.3	30.4
意大利	38.4	0.0	61.2	0.4
韩国	41.3	0.0	9.7	49.0
卢森堡	11.0	0.0	0.1	89.0
荷兰	6.2	0.0	4.1	89.7
挪威	72.7	0.0	27.3	0.0
波兰	13.9	0.0	30.6	55.5
葡萄牙	94.5	0.0	5.3	0.2
斯洛伐克	30.0	0.0	0.3	69.7
斯洛文尼亚	33.8	0.0	9.9	56.3
西班牙	4.5	91.7	1.5	2.3
瑞典	17.3	0.0	82.7	0.0
瑞士	2.4	86.5	11.2	0.0
英国	100.0	0.0	0.0	0.0
美国	59.6	40.4	0.0	0.0

资料来源：OECD 数据库，http://states. oecd. org/Index. aspx？DatasetCode = SNA_TABLE11。

表 5 - 11　部分 OECD 国家 2009 年社会保障支出结构

单位：%

国家	社会保障			
	中央	州	地方	社保基金
奥地利	42.2	7.0	5.7	45.1
比利时	15.0	14.0	6.1	64.9

续表

国家	社会保障			
	中央	州	地方	社保基金
捷克	90.5	0.0	9.5	0.0
丹麦	38.5	0.0	52.7	8.8
爱沙尼亚	78.9	0.0	5.3	15.8
芬兰	26.3	0.0	18.5	55.2
法国	18.9	0.0	8.1	73.0
德国	26.8	11.6	9.4	52.1
匈牙利	38.2	0.0	7.2	54.6
冰岛	47.6	0.0	14.8	37.7
爱尔兰	60.6	0.0	4.3	35.1
以色列	51.5	0.0	6.6	41.8
意大利	22.8	0.0	3.0	74.2
韩国	15.6	0.0	41.0	43.5
卢森堡	48.3	0.0	0.9	50.8
荷兰	37.9	0.0	10.4	51.6
挪威	79.1	0.0	20.9	0.0
波兰	33.6	0.0	7.4	58.9
葡萄牙	27.0	0.0	2.6	70.4
斯洛伐克	29.9	0.0	3.8	66.3
斯洛文尼亚	36.1	0.0	4.2	59.7
西班牙	8.4	6.9	4.2	80.5
瑞典	48.2	0.0	25.7	26.1
瑞士	18.9	15.2	8.2	57.7
英国	79.5	0.0	20.5	0.0
美国	88.2	11.8	0.0	0.0

资料来源：OECD 数据库，http://states. oecd. org/Index. aspx? DatasetCode = SNA_ TABLE11。

西方国家在社会保障事权和支出责任改革过程中，确实把向地方政府下放事权和支出责任作为改革创新，但从中国当前的财政社会保障支出状况来看，中央政府承担的直接支出太少，地方政府社会保障财政支出对中央转移支付的依赖过大。虽然我国中央财政在财政支出中的比例偏低是各项公共事务的普遍现象，但是在社会保障财政支出中表现得尤为突出。

表 5 - 12　2008 ~ 2015 年中央对地方社会保障财政转移支付汇总

单位：亿元，%

项目	2015 年	2014 年	2013 年	2012 年	2011 年	2010 年	2009 年	2008 年
一般性转移支付	7337.94	6822.52	5976.38	4826.23	3530.79	1429.22	1201.83	—
专项转移支付	2567.12	1424.14	1614.63	1405.05	1462.31	1927.52	1640.47	2399.31
总额	9905.06	8246.66	7591.01	6231.28	4993.1	3356.74	2842.3	2399.31
占当年社会保障与就业支出的比重	52	51.6	52.3	49.51	44.9	36.8	37.7	35.9

注：①从 2009 年开始，原列为对地方专项转移支付的养老保险补助资金等转列一般性转移支付。②为了与转移支付金额匹配，社会保障与就业支出直接沿用财政决算中的项目数据，未进行调整。

资料来源：根据历年全国公共财政决算、历年中央对地方税收返还和转移支付决算表整理计算而得。

表 5 - 13　2015 年中央和地方财政社会保障主要项目分项支出

单位：亿元，%

项目	支出			比重		
	全国	中央本级	地方（其中中央转移支付）	中央本级	地方	其中中央转移支付占比
基本养老保险补助（包括城镇职工和城乡居民）	6016.76	118.23	5898.53（4405.18）	2	98	73

续表

项目	支出			比重		
	全国	中央本级	地方（其中中央转移支付）	中央本级	地方	其中中央转移支付占比
城乡居民医疗保险补贴	4081.74	—	4081.74（1958.5）	—	100	52
自然灾害生活救助	195.52	3.69	191.83（92.17）	1.8	98.2	47.1
最低生活保障	1665.17	4.74	1660.43（1207.68）	1	99	72.5
社会福利	566.72	0.53	566.19	0.1	99.9	—
残疾人事业	395.14	3.32	391.82（12.75）	0.8	99.2	3.2
住房保障	5797.02	401.18	5395.84（2450.02）	6.9	73.1	42.3

资料来源：根据 2015 年全国公共财政支出决算表、2015 年财政统计年鉴、2015 年民政统计年鉴整理而得。

从表 5–12 中可见，2008～2015 年中央对地方社会保障财政转移支付的金额从 2399.31 亿元陡增到 9905.06 亿元，增长了 3.13 倍，占当年的社会保障与就业总额的比重也从 35.9% 增加到 52%，增长率为 44.8%。地方社会保障与就业支出严重依赖于中央转移支付。

事实上，社会保障财政支出地方政府占比过大，地方政府对于社会保障转移支付依赖度过高，会产生一系列的问题。首先从机制上来讲，这种安排很显然不符合激励相容原则。与经济支出项目相比，社会保障支出项目对于地方政府而言，并不能带来直接的经济利益，因此从机制上无法保证地方政府在安排社会保障财政支出时有内生的高效足额的支出动力，必然会影响社会保障财政资金的使用效率。其次，从具体制度安排来看，我国现行财政转移支付制度的最大问题在于缺乏一套科学、合理、规范的转移支付计算公式，基本上是采用基数法，因素法在整个转移支付体系中的运用几乎可以忽略不计。这样就造成转移支付制度中人为因素分量较重，并且更多是进行增量调整，没有触及存量调整。现在中央对地方的财政社会保障转移支付项目繁多，在一般性转移支付项目中有基本养老金和低保等转移支付项目、城乡居民医疗保险转移支付两个项目，在专项转移支付中有大大小小 13 项，2014 年总金额达到 8246.66 亿元，占 2014 年小口径财政社会保障支出总额的 51.6%。在这些转移支付中，除了低保及医疗保险补贴有相对明确的补贴计算方式外，其他项目基本上都没有明确而规范的安排。包括支出比重和总额最高的城镇职工养老保险补助，其补助的标准及程序均无公开信息发布。[1] 这些社会保障财政转移支付项目使用范围不明确，支出程序缺乏公开性、透明性，管理混乱并且不易于监管，会影响社会保障财政资金的使用效率，也容易滋生腐败。[2]

三　财权划分一定程度上造成了社会保障权益"地区割据"

省以下财力分配不均，再加上省以下政府之间的转移支付非常不健全，表现出来的就是在公共服务水平上的巨大差异。虽然按照国际经验和社会保障制度本身的规律，很多社会保障制度更应该由低一级的政府来执行和经办，但是在现在县一级政府缺乏有力的财力保障的情况下，省级政府应该在财力上承担更多的转移支付责任，以提高地方政府提供社会保障的能力和水平，避免社会保障制度的存在加剧马太效应，扩大了贫富差距。

地区财力上的显著差异直接体现在政府职能的有效实现和公共

---

① 林治芬. 中央和地方养老保险事责划分与财力匹配研究 [J]. 当代财经, 2015 (10): 39－48.
② 柯卉兵. 分裂与整合 [M]. 北京: 中国社会科学出版社, 2010: 210.

服务的水平上，财力薄弱的地区可能连基本的公共服务提供都存在财政缺口，而一些财力水平明显较高的地区会自行提高对各项社会保障补贴的水平，这实质上会对公平社会与和谐社会的营造带来负面影响。

当前所运行的城镇居民医疗保险等社会保障制度，大部分采取地方政府层层分担的财政分担机制，这样会造成保障制度过于分散化、小型化。比如，之前的新农合以及之后合并的城乡居民医疗保险具有两方面的特点：一是采取自愿原则，参保与否尊重个人意愿；二是中央并没有明确的具体方案，只明确中央财政补贴的金额，地方政府根据其财力水平来确定具体的缴费额和补贴金额。财政状况好的县乡投入的资金就多，补贴金额就高；财政状况不好的县乡投入的资金就少，补贴金额就低。这样就会造成财政状况好的地方不愿意和财政状况差的地方进行统筹。保险制度能否成功，依赖的是大数原理，参保的人越多，保险的支付能力就越稳定。过于分散、统筹范围过小的保险制度，由于收入有限，其抵御风险的能力低，可能会出现严重的支付风险。另外，在自愿原则下，分散的社会保障制度的风险就更高。如果地方政府规定的缴费额相对于当地的居民收入水平偏高或者没有给予普遍的、较好的补贴，居民的参保动力是会受到影响的，参保人数就会较少，从而会对该制度本身的存续产生冲击。那么，对于财政困难的地方政府来说，现实的财力限制决定其只有一种选择：确定较低的缴费档次。

分散的社会保障制度会加大地区间的差距，使好的地方更好，差的地方更差。社会保障制度的一个重要作用是进行收入再分配，调节地区收入差距，而分散的社保体系却恰恰是反其道而行之。以新型农村合作医疗为例，经济越发达的地方，地方财政投入较多，人均筹资水平较高，医疗费用的报销比例也较高；经济较落后的地方，地方财政投入较少，人均筹资水平较低，医疗费用的报销比例也较低。以 2006 年的广东省为例，经济较发达的佛山市顺德区人均筹资水平为 250 元，报销封顶线为 60000 元，而经济相对落后的河源市源城区，人均筹资水平仅为 65 元，报销封顶线为 13000 元。[①] 这就造成经济不发达的地方收入水平低，福利水平也低，与经济发达地区的整体生活水平进一步拉大，这与合作医疗制度建立的初衷是相违背的。2014 年之后，中国社会保障制度进行养老保险和医疗保险碎片化改革，新型农村合作医疗和城镇居民医疗保险实现了城乡统筹合并为城乡居民医疗保险，城市居民养老保险和农村居民养老保险合并为城乡居民养老保险。这两个制度合并都是城乡统筹，实现了城乡阶层碎片化的整合，但是"地区之内不同福利制度逐渐融合，而地区之间的福利制度却日益歧异"。[②] 从各地公布和实施的整合方案来看，地方财政实力成为影响整合方案的核心因素。财政实力强的地方，更偏向于整合更彻底、效果更充分的方案；反之，则更倾向于整合更松散、缴费档次更多元的模式。虽然户籍界限仍然对公民权益有一定的影响，但随着城乡一体化进程的推进，其已逐渐失去了对社会保障资源获得的绝对性支配作用。地域特别是"本地人/外地人"的区分和隔阂日渐突出，甚至形成了一种"地方性公民权"。[③]

四　地方政府社会保障事责过多会引起工作推诿及被动执行

在社会保障不同层级政府之间事权划分不明确的情况下，上级政府通常是制定相应的具体任务和完成指标，下级政府往往是处于被动

---

① 来自广东省省政府官方网站数据。
② 施世竣. 社会保障的地域化：中国社会公民权的空间政治转型 [J]. 台湾社会学，2009 (18)：1 - 32.
③ Alan Smart，Josephie Smart. Local Citizenship：Welfare Reform Urban/Rural Stauts，and Exclusion in China [J]. Environment and Planning A，2001，33 (10)：1853 - 1869.

开展工作和完成任务的状态。这种被动式、运动式的工作开展方式必然会影响社会保障工作制度化、长远化的良性健康发展。

在社会保障工作考核指标中最常见的就是各个险种的参保率。在指标压力下，各级地方政府会想尽办法完成各项指标任务。有的会少报相应适龄人口以减少基数，或者加大工作力度努力增加参保人数以提高参保率，甚至有些地方政府不惜通过垫付缴费的方式以保证任务的高标准完成。

下级政府部门对于社会保障工作更多是受到上级政府的压力，被动式地完成各种工作，这种被动式工作方式往往会谋求短时间内取得成效以彰显政绩。但这种被动式、运动式工作方式由于其内在机制上的非自主性而难以长期坚持，一定程度上会影响制度的可持续健康发展。

比如在东部某省份 A 市，为了参保扩面，当地政府对于社会保障工作给予高度重视，采取了一系列有效措施并取得了相应成效。全市往年都会搞一次社会保险全面集中征缴活动，从市政府各个科室集中抽调相应人员到企业和乡镇进行督导，这个活动一般会持续 3 个月以上。但是在 2014 年由于省级政府将城乡居民养老保险制度最低缴费标准从 100 元/年调高到 300 元/年，这一调整加大了工作推进难度，于是地方政府百般推诿。

社会保障对于中国当前地方政府而言更多是被动执行的状态。社会保障制度的制定由中央决定，而在决策过程中，并不可能顾及所有地方政府的意愿。中央政府在确定了政策后，更多是交由地方政府执行和实施，地方政府也有一定的自由裁决权。但这种自由裁决权更多体现在上下级信息不对称情况下的地方政府的碎片化权威。上级政府社会保障部门政策的实施同样依靠一种自上而下的"压力性体制"，即上级政府负责制定各种社会保险任务和指标，并将这些任务和指标层层量化分解，分派给下级政府及其官员，责令其在规定的时间内完成，然后根据这些任务和指标的完成情况来考核下级政府及其官员。[①] 这些指标包括参保率、资金筹集、资金平衡等。迫于任务压力，地方政府缺乏足够的动力去推动有关社会保障制度的执行，并且社会保障制度的推行还需要地方政府资金的配套，这会进一步推高地方政府的被动抵触情绪。另外，由于上级政府不仅有发包的主导权，同样有评价和考核的主导权，因此地方政府为了保证社会保障方面的业绩，又必须尽最大努力去完成这些任务。

第四节　财政社会保障支付风险问题

当前财政社会保障支出缺乏有序的长效机制，财政社会保障支出呈现出严重依赖于财政收入增长的态势，在财政收入增长减速的背景下，必须拓宽财政社会保障支出的新来源。

一　外部不确定的宏观经济社会环境因素

20 世纪 70 年代，西方国家的"福利危机"正是在经历了五六十年代经济高速增长后"滞胀"时期出现的。其原因正是经济增速下滑所带来的财政收入减少以及社会保障收入下降，且与经济停滞时期就业环境恶化、失业和贫困状况加剧带来相应的社会保障支出刚性甚至增长之间的矛盾相关。中国的具体情况与当时的西方国家并不完全相同，但是当前的宏观经济变化也在一定程度上增加了财政社会保障支出潜在的风险。

---

① 叶托. 中国地方政府行为选择研究——基于制度逻辑的分析框架 [M]. 广州：广东人民出版社，2014：105.

1. 新常态下经济增速下降及财政收入增速减缓所带来的财政社会保障支出的供给风险

中国自 1978 年改革开放以来，经历了近 30 年的高速增长。全球经济危机爆发后，中国的经济增长速度开始下降，2008 年 GDP 增长率降到 10% 以下，为 9.63%。虽然在四万亿元投资的刺激下，经济增速经历了短期上扬，但 2012 年之后回归到 7% 左右的经济发展状态。2012 年为 7.8%，2013 年为 7.7%，2014 年为 7.4%，2015 年为 6.9%。同时由于中国经济进入"三期叠加"期，即经济增速换档期、结构调整阵痛期和前期刺激政策消化期，以及人口红利等正向激励因素的逐渐消退，中国长期潜在增长速度下调，中国经济潜在增长率会在较长时间内维持在 6%～7% 的速度，经济步入新的发展状态。

经济增速减缓给财政收入增长带来的影响非常明显。虽然在 2008 年四万亿元经济刺激政策的推动下，之后几年的增速得以保持在一定水平，但从 2012 年开始，下降的趋势显著呈现。2011 年财政收入增长率还保持在 24.8%，2012 年财政收入年增长率下降为 12.8% 并开始进入下降通道，到 2015 年仅为 8.4%，创 1988 年以来的新低。

在经济增长速度和财政收入增长率双双下降的情况下，我们也可以清晰地看到财政社会保障支出率受到的影响。从财政社会保障支出水平来看，由于宽口径（口径二）下的财政社会保障支出指标在 2008 年之前缺乏持续的可比性，我们可以明显观察到小口径（口径一）的财政社会保障支出总额在上升，但相对值水平在 2008 年之后呈现出同样的下降趋势。该指标在 2008 年之后有些波动，但均处于 11% 以下的水平，偏低于 2008 年之前的状况。这种发展变化同样体现在基本养老保险财政补贴上。从 1998 年开始，养老保险财政补助金额逐年增加，但是在财政总支出的比重并没有太大的变化，这归因于过去近二十年，财政收入规模的快速增长。财政收入从 1999 年突破一万亿元，到 2014 年达到 14 万亿元。尤其是 2004~2008 年，财政收入保持了超过 20% 的年均增长率，养老保险财政补贴的增速基本与之同步。中国的高速增长推动了同期财政收入的高增长率，进而使得高额财政用于基本养老保险补贴的模式得以持续较长时间。但从 2007~2014 年近 10 年的经验来看，财政社会保障支出保持和财政收入同步的发展态势，其增长率的起伏很明显受到财政收入增速的影响。

表 5-14　2007~2014 年基本养老保险财政补贴年
增长率与财政收入年增长率对比

单位：%

年份	财政收入年增长率	基本养老保险财政补贴年增长率
2007	32.4	19.2
2008	19.5	24.2
2009	11.7	14.5
2010	21.3	18.7
2011	24.8	16.3
2012	12.8	16.5
2013	10.1	14
2014	8.6	17.5

资料来源：根据历年《财政年鉴》、历年《人力资源与社会保障事业发展统计公报》整理而得。

2015 年底中央确立了供给侧结构性改革方略，结构性改革和宏观需求管理作为宏观经济管理的手段各有优劣。前者见效慢但效果持久，主要解决长期潜在经济增长速度下降的问题；后者见效快但效果一般且短暂，主要解决经济现实增长速度下降的问题。供给侧改革的基本举措有"去库存、去产能、去杠杆、降成本和补短板"，主要是调和宏观经济中供给侧的结构性矛盾，降低成本，提高企业的供给能力。在降低企业成本中还有一条具体措施就是减税。2016 年开始全面推行的"营改增"就是打响结构性减税的第一枪。虽然"营改增"对具体企业的减税效应大小不一，但对于整体税收的下降影响是可以确定的。因此，经济减速带来财政收入的减速以及由于减税举措所带来的财政收入的同步下降，会在2016年之后加速推动一般性公共财政收入的下滑。公共财政收入的下降会对财政社会保障支出的供给能力带来一定的影响。

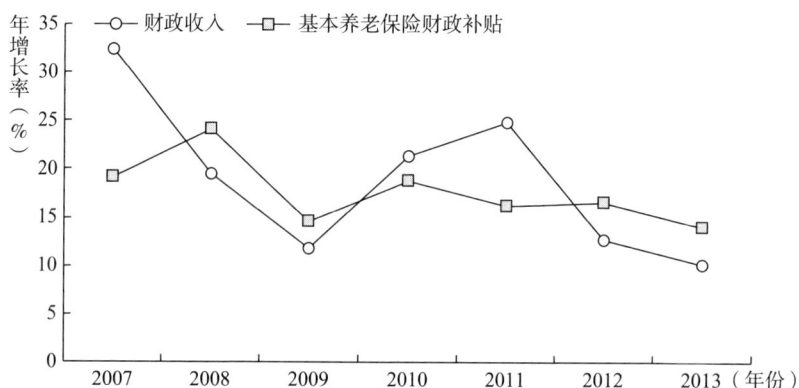

**图 5 – 1 2007～2013 年财政收入与基本养老保险财政
补贴增长率折线图**

资料来源：根据历年《财政年鉴》、历年《人力资源与社会保障事业发展统计公报》整理而得。

2. 供给侧结构性改革等多重因素会叠加财政社会保障支出的供需矛盾

2015年12月中央经济工作会议推出了供给侧结构性改革的举措，并做出了降低社会保险费率的决定。这两项相关的决定将会对财政社会保障支出产生不同方向的影响。

中国在改革开放30余年之后，经济增长速度出现下降，一方面是中国的潜在增长速度在下降，另一方面是中国的现实经济增长速度低于已经下降的潜在经济增长速度。两者的共同作用造成了中国自2010

年以来的经济增长速度的逐步下降。中国必须提高技术进步对经济增长的贡献率，包括通过提高劳动生产率和全要素生产率来提高中国现实经济增长速度。[1] 社会保障制度建设和体系的健全是广义的公共产品社会设施的构成部分，是提高劳动生产率和全要素生产率的重要举措。因此，健全社会保障体系、增加就业培训等是供给侧结构性改革的重要内容之一。在供给侧改革背景下，对财政支出结构加以调整以适当增加财政社会保障支出是必然需求。

通过供给侧结构性改革，可以更多地释放市场的增长动力和企业的增长活力。适当降低企业的生产成本同样是结构性改革的重要内容和制度导向。因此，从 2015 年开始，下调社会保险费减轻企业负担，降低用工成本，帮助企业渡过周期性经济环境调整期，以应对经济新常态，成为供给侧改革中劳动力要素改革的一大措施。为了减少企业用工负担，社会保险费率逐步下调，但就当前具体的社会保险制度而言，除了个别险种结余较多、有真正费率调整的空间外，主要险种费率下降的空间并不大。以养老保险为例，虽然现在的费率为企业 20%、个人 8%，但是由于道德风险防范不力诸如雇主和雇员合谋、雇主与地方政府合谋、纪律约束受到限制和法不责众等多重原因，出现了在名义费率很高的情况下，缴费收入并没有显著增加的"拉弗曲线"效应。这是民众和政府之间缺乏信任导致的非良性博弈的结果。从 2010~2014 年的养老保险基金收支情况来看，基金收入结余更多是来自"非正常缴费"[2] 和财政补贴，如果仅算"正常缴费"，每年是收不抵支的，并且缺口逐年扩大。加入"非正常缴费"后每年收支略有结余，但是结余在逐年减少。唯有再加上财政补贴，每年才形成较为

---

① 余永定. 供给侧结构性改革不是大杂烩 [J]. 财经，2016（16）：44 - 51.
② 非正常缴费主要由"预缴"、"补缴"、"清欠"和"其他"4 种形式构成，其中"补缴"占了大部分。

可观的结余。在这样的缴费现状基础上进行降费，短期来看，地方政府可能会加大"非正常缴费"等不规范缴费方式的力度，将收支压力往后推延；中长期来看，不论是东部省份还是中西部省份，最终都不得不诉诸财政手段，届时财政将面临更大的风险。[①]

宏观经济供给侧结构性改革一定程度上会加大财政社会保障支出需要，但支出供给会减少，加剧财政社会保障支出的供需矛盾。

与此同时，机关事业单位养老保险改革等改革举措又必然会增加对财政社会保障支出的需要。机关事业单位养老保险等改革在决定方案颁布之前关于选择何种方式曾有过不同的讨论，但是机关事业单位采用社会化的养老方式以改变传统的退休制度可以说是全社会的共识。那么机关事业单位改革前期就必然会带来巨大的财政支付压力，一方面，传统的行政事业单位离退休金要照常发放；另一方面，财政必须承担改革后机关事业单位员工的雇主责任，完成雇主的缴费任务，这毫无疑问会增加对财政社会保障支出的需求。

3. 社会保障发展规律预示在未来较长时间财政社会保障支出需求会持续提高

穆怀中根据世界各国社会保障水平的实际情况，通过理论和实证分析，提出社会保障水平的倒"U"形曲线发展理论。第一，由于一定时期经济发展水平是一定的，而社会保障主要针对贫困者和老年人的基本生活水平维护，所以，社会保障水平的高低及其发展轨迹主要取决于国内老年人口和贫困者比重等因素的变化情况。依据当今世界经济持续发展、贫困人口逐渐下降的趋势以及老年人口比重增长有一定限度等基本规律，社会保障水平有一个"度"的界限。第二，在一定时期内经济发展水平保持相对稳定的情况下，社会保障水平并不会

---

① 郑秉文. 供给侧：降费对社会保险结构性改革的意义 [J]. 中国人口科学，2016 (3)：2 - 11.

呈现出直线上升的发展轨迹，其达到一定的水平后会稳定发展，随后逐渐下降，即社会保障水平应该是一个适度性发展的倒置曲线。社会保障水平上升最快的时期出现在人均 GDP 4000～10000 美元的发展阶段；在人均 GDP 超过 10000 美元阶段，社会保障水平会逐渐放慢增长即进入倒置曲线的第一个弯曲点；在人均 GDP 超过 20000 美元阶段，社会保障水平在波动中开始回落。[①] 根据上述分析，我国正好处在对于社会保障需求上涨的快速时期。

经济学家马斯格雷夫的支出阶段论同样指出，在不同发展阶段，财政支出的重点会发生变化。在经济发展阶段早期，用于基础建设的投入占主要部分；到经济发展中期，文化教育等公共产品会增加并成为重点；而随着经济达到成熟阶段，公共支出会从基础设施支出转向不断增加对保健及福利服务等方面的支出，且其增长速度会大大超过其他方面的支出增长速度。

从中国的具体情况来看，我国进入中高等收入国家行列，从马斯洛需求理论来看人民会更多增加对安全和尊重的需求，同时从人口状况来看，我国更是早在 2010 年就步入人口老龄化社会，对于养老、医疗服务等的需求必然进入上升通道。

二　社会保障制度内部财政社会保障支出风险大小不一

财政社会保障支出在不同的社会保障项目间呈现出不同的结构和强度，同时其支出风险也各不相同。例如，在 OECD 国家，其公共养老和医疗卫生支出项目在所有公共支出中金额最大、GDP 占比最高，失业支出和家庭津贴支出所占比例较低，而社会救助支出比重更小。[②]

---

① 穆怀中. 社会保障水平发展曲线研究 [J]. 人口研究，2003（2）：22－25.
② 杨红燕. 财政社会保障支出：结构、公平与影响 [M]. 武汉：武汉大学出版社，2014：262.

中国的财政社会保障支出结构也大概如此。从 2015 年财政社会保障支出状况来看，全年总计 30472.75 亿元，除去管理事务支出 1331.48 亿元和其他社会保障及就业支出 873.3 亿元之外，其中用于各项社会保险及相关保障项目支出为 15806.25 亿元，社会优抚支出为 1396.28 亿元，社会福利支出为 961.86 亿元，社会救助支出为 2529.68 亿元，住房保障为 5797.02 亿元。[①] 很显然在支出中，用于基本养老、基本医疗等社会保险方面的支出占财政社会保障总支出的比重最大，其中又以基本养老保险方面的支出最为明显。

基本养老保险财政支出的需求压力较大。一方面来自参保人数最多。基本养老保险是最为重要的社会保险制度，基本养老保险制度是我国养老保障体系的基石，保障着民众的基本生活。截至 2018 年末，全国参加基本养老保险的人数为 94293 万人，比上年末增加 2745 万人。其中，参加城镇职工基本养老保险的人数为 41902 万人，城乡居民基本养老保险参保人数为 52392 万人。[②] 另一方面，来自其基金的可持续的风险隐患较高，尤其以城镇职工基本养老保险基金较为突出。

在传统的现收现付型养老保险制度中，退休者的养老金的发放主要依靠在职者的缴费来支撑。我国城镇职工基本养老保险实行社会统筹加个人账户（"统账结合"）的部分积累制的养老制度，逐渐形成了统筹账户现收现付、实现互助共济和代际供养；个人账户完全积累，实现存钱防老和自我供养；收支不足部分由财政兜底。统账结合的基本养老保险制度下形成了一定的规模基金，截至 2018 年末城镇职工基

---

① 以上数据来自 2015 年全国公共财政支出决算。
② 《2018 年度人力资源和社会保障事业发展统计公报》 ［EB/OL］. http://www.mohrss.gov.cn/SYrlzyhshbzb/zwgk/szrs/tjgb/201906/t20190611_320429.html. 2019 -6-11.

本养老保险基金累计结存 50901 亿元,[①] 而且其管理制度建设也取得了一定的进展。但由于该制度的至关重要性,更需要冷静审视基金面临的问题,关注其收支的风险隐患。

近些年来,由于参保离退休人数增长速度一直明显高于参保职工人数增速,参保职工人数与参保离退休人数之比(即"供养比")呈明显下降趋势。2011 年之前,我国城镇职工基本养老保险的"供养比"大致稳定在 3.0:1 ~ 3.2:1。但自 2012 年起,由于参保人数增速快速下降,城镇职工基本养老保险"供养比"快速下滑,至 2017 年,已降至 2.65:1 的极低水平,而且还有进一步下降的趋势。

城镇职工基本养老保险"供养比"不断下降,一方面说明我国人口老龄化在加速,达到退休年龄的人群在快速增长;另一方面,也说明我国城镇职工基本养老保险制度的覆盖面还有待进一步扩大。只有让更多的城镇职工参加到基本养老保险制度中来,才能有效抑制"供养比"不断下降的趋势,我国城镇职工养老保险制度的可持续才会有可靠的保障。[②]

这种变化也体现在城镇职工基本养老保险基金收支及其结余状况中。从表 5 - 15 和表 5 - 16 可知,2008 ~ 2017 年的十年间,只有三个年份基金收入增长率超过基金支出增长率,其余年份均低于支出增长率。从基金结余状况来看,当期结余数波动很大,有多个年份出现了负增长。累计结余总额虽然逐年增加,但是累计结余增长率在 2008 ~ 2017 年不断下降,下降幅度趋势非常明显。

---

① 《2018 年度人力资源和社会保障事业发展统计公报》[EB/OL]. http://www.mohrss.gov.cn/SYrlzyhshbzb/zwgk/szrs/tjgb/201906/t20190611_320429.html. 2019 - 6 - 11.

② 范建军: 中国养老金的可持续性研究. http://lib.cet.com.cn/paper/szb_con/508966.html. 2019 - 7 - 2.

表 5 - 15   2008~2017 年城镇职工基本养老保险基金收入和
基金支出增长率

单位：%

年份	基金收入增长率	基金支出增长率
2008	24.33	23.88
2009	17.97	20.36
2010	16.78	18.67
2011	25.90	20.94
2012	18.39	21.91
2013	13.40	18.69
2014	11.59	17.78
2015	15.93	18.66
2016	19.48	23.40
2017	23.54	19.46

资料来源：历年《中国统计年鉴》。

表 5 - 16   2008~2017 年职工基本养老保险基金累计结余
增长率和当期结余增长率

单位：%

年份	基金累计结余增长率	基金当期结余增长率
2008	34.36	25.75
2009	26.13	10.46
2010	22.67	10.33
2011	26.89	44.17
2012	22.80	7.49
2013	18.08	− 5.16
2014	12.49	− 15.56
2015	11.15	− 0.76
2016	9.15	− 9.18
2017	13.75	64.11

资料来源：《历年人力资源和社会保障事业发展统计公报》。

虽然当前养老保险体系总体能保持收支平衡，在短期内不会出现全局性的问题，但是部分省份收支困难的窘况已经非常严峻，养老金当期收不抵支的省份在不断增加，从 2014 年的 2 个增加到 2015 年的 7 个省份。[①] 由于我国庞大的人口基数、快速的人口老龄化进程以及制度本身的因素等，未来养老保险财政支出会是最大的风险忧患。不同学者预估的养老保险隐性债务规模不同，但都是巨大的资金规模。有学者认为城镇职工养老保险隐性债务规模大约为 3.5 万亿元。[②] 也有学者利用精算方法测算得出城镇职工基本养老保险统账结合制度下社会统筹账户和个人账户的隐性债务达到 86.2 万亿元，占 2012 年 GDP 的比例为 166%。[③]

医疗保险财政支出风险相对养老保险支出风险要小一些。2015 年用于城镇职工基本医疗保险的财政补贴为 151.96 亿元，支出金额不大。但随着退休人员的不断积聚，医疗保险支出会不断增加，财政补贴责任也会逐渐增加。而新农合和城镇居民基本医疗保险由于制度框架中没有雇主缴费，因此从建立之初起，财政就承担了较大的支出责任。2015 年两者的财政补贴合计为 4081.72 亿元，仅次于当年的养老保险财政补贴支出。2010～2015 年，两者的补贴合计为 16334.31 亿元。[④] 很显然，如果不进行制度创新和改革，合并后的城乡医疗保险会成为财政支付的另一大风险来源。

---

① 2015 年养老金结余状况堪忧［EB/OL］. http://finance. btime. com/money/20160813/n378566. shtml. 2016－8－13.

② 彭浩然、申曙光、宋世斌. 中国养老保险隐性债务问题研究——基于封闭与开放系统的测算［J］. 统计研究，2009（3）：45－50.

③ 郑秉文主编. 中国养老金发展报告 2014［M］. 北京：经济管理出版社，2014：194.

④ 以上数据根据 2010～2015 年全国公共财政支出决算数据整理而得。

三　社会保障基金战略规划还有待加强

1. 全国社会保障基金的目标规模及支付启动期等缺乏明确规划

尽管全国社会保障基金规模在不断扩大，但对于基金目标规模并没有明确的规划，很显然这不利于全国社会保障基金储备功能的有效发挥。许多国家在建立养老储备基金时就界定了清晰的目标规模，例如新西兰"超级年金基金"的目标规模确定为 2030 年 1000 亿美元，等等。明确规模目标，有助于基金健康发展，防范全国社会保障基金的各项资金来源的不稳定性。

我国对于全国社会保障基金的封闭期和支付启动期也没有明确规划。很多国家对于养老储备基金的封闭期或支付启动期都有明确的规定。比如，爱尔兰"国家养老储备基金"的封闭期为 2025 年之前，支付启动期为 2025 ~ 2055 年，并确定封闭期内每年拨付 GDP 1% 的资金来充实基金，同时在支付期间要密切结合 65 岁以上人口增长的情况来做好提取资金的规划。[①] 此外，我国对于基金的启动期也没有相应的具体明确的制度规划和安排，比如在什么情形下可以启动基金，是根据财政补贴缺口的大小，还是人口老龄化程度来界定，抑或直接规定具体的年限，等等。中国人口老龄化程度较高，并且攀升的速度很快，同时历史转轨成本很重，财政缺口也很大，中国的养老支出是财政社会保障支出中最大的一块。作为战略储备，全国社会保障基金需要进行全面规划，才能有效化解财政社会保障支出风险。

从财政对全国社会保障基金的补助来看也存在随意性非常大的问题。以 2010 年为例，年初补充全国社会保障基金的预算数为 50 亿元，

---

① 金刚. 全国社会保障基金发展的问题与展望 [J]. 社会保障研究，2009 (9)：60 - 66.

年终的决算数为 122.05 亿元，决算数是年初预算数的 244.1%。^①　这一定程度上是预算软约束的表现，不利于财政资金严谨规范管理。

2. 国有资本划转社会保障基金模式初定

在 2013 年党的十八届三中全会关于"划转部分国有资本充实社会保障基金"的决定出台后，有学者呼吁要尽早出台划转细则和相应的投资管理条例，做好顶层设计和统筹规划，以避免过往社会保障尤其是养老保障改革中地方试点、自下而上的改革模式重现，造成统筹层次低下、地方利益固化的痼疾加剧。在经历几年的制度酝酿和考量之后，2017 年 11 月《划转部分国有资本充实社保基金实施方案》（后称《实施方案》）出台。

在国有资本划转充实社会保障基金议题上主要有两点需要着重解决：一是划转比例和方式如何确定；二是划转到哪个层级的社会保障基金。这两点在 2017 年发布的方案中基本予以明确，其中划转比例是较大突破。

关于国有资本划转比例主要取决于社会保障基金缺口的大小，同时取决于部门之间的博弈。在全国社会保障基金成立前后，社会各界就使用国有资产来充实全国社会保障基金的问题展开了充分的讨论，当时对用国有资本来充实社会保障基金，体现国民公平分享经济发展成果，并承担养老保险改革转轨成本的合理性问题上，基本达成了共识，但对于采取何种方式及按照多大比例则没有定论。直到 2001 年 6 月，国务院五部委联合发布了《减持办法》。该暂行办法采用国有资本增量减拨，但是因为错用了按照市场价格在股票市场上进行出售减持。当时国有股并没有流通权，按照市场价格出售很明显违背了彼时股票市场上"同股不同权"的隐性契约和市场规则，引起市场"以脚

---

① 数据来源：2010 年全国公共财政支出决算。

投票"，股指狂泄 1/3，四个月后以暂停的方式草草收场。时隔八年之后，2009 年财政部等多家部委联合发布《境内股市转持部分国有股充实社会保障基金实施办法》，划转方式由"国有股减持"改变为"国有股转持"。不管是 2001 年的国有股减持，还是 2009 年的国有股转持，其适用对象仅为首次公开发行股票并上市的国有股份有限公司，并没有根本解决所有国有企业的历史欠债问题。

2013 年党的十八届三中全会所做出的决定是"划转部分国有资本充实社会保障基金"，并没有特指某一类国有资本，这意味着后续改革不仅是增量改革，也是存量改革，能根本性解决社会保障改革历史欠债问题。2017 年 11 月国务院出台的《实施方案》将划转对象确定为中央和地方国有及国有控股大中型企业、金融机构，划转比例统一为企业国有股权的 10%，很显然这是重大的政策突破。

《实施方案》将中央和地方国有及国有控股大中型企业、金融机构纳入划转范围。公益类企业、文化企业、政策性和开发性金融机构以及国务院另有规定的除外。划转比例统一为企业国有股权的 10%。社保基金会和各省（区、市）国有独资公司等承接主体，作为财务投资者，不干预企业日常生产经营管理，其收益主要来自股权分红。同时《实施方案》提出了国资划转社保基金的时间表和路线图。第一步，2017 年选择部分中央企业和部分省份开展试点。中央企业包括国务院国资委监管的中央管理企业 3~5 家、中央金融机构 2 家。试点省份的划转工作由有关省（区、市）人民政府具体组织实施。第二步，在总结试点经验的基础上，2018 年及以后，分批划转其他符合条件的中央管理企业、中央行政事业单位所办企业以及中央金融机构的国有股权，尽快完成划转工作。

但在该划转方案中对于到底划转到哪个层级的社会保障基金进行投资管理则有妥协和折中之嫌。养老保险投资基金可以采用多种方式进行投资管理：全国性的基金会；委托给现有的全国社会保障理事会；省级投资运营机构；等等。按照 2017 年新出台的划转方案，在未来较长时间内很可能呈现出三者并行的态势。相比较而言，省级投资运营机构作为地方企业国有股权承接主体符合产权的合理性，但从运行方式上并非优选。因为它会一定程度上固化养老保险统筹层次低下的问题，给基本养老保险实现全国统筹增设一定的障碍。

我国始于 1986 年的养老保险社会化改革是自下而上的改革模式，造成基金的积累和使用多以县为单位。现在，从资金流来看，真正实现省级统筹的只有三四个。由于统筹层次过低，社会保障制度以及相关制度问题难以解决，也给参保人造成利益上的损失。

首先，由于没有全国统筹，我国养老保险基金大量结余和每年财政大额补贴的现象同时并存。根据人力资源和社会保障部的统计公报，截至 2014 年底，基本养老保险基金结余超过 3.5 万亿元，其中广东省结余最多，近 5000 亿元，山东省排在第四，位于广东、江苏、浙江之后，结余数近 2000 亿元。[①] 这些结余大部分存在银行，仅获得低额的银行利息。另外，又有大量的省份已经出现了收不抵支，需要大量的财政补贴来满足发放的问题。这就相当于大量的财政资源补贴给了银行，降低了财政资金的使用效率。同时，养老保险本就应该统筹共济，但现在很显然没有达到其本意。

其次，没有全国统筹，给劳动力的流动造成阻碍，也给参保人的权益造成损害。我国是一个庞大的经济体，劳动力作为生产要素在全国范围内是可以自由流动的。社保与劳动力密切相关：一方面人口在流动；另一方面社保体系却在省与省之间割裂，参保人的利益难以得到保障。另外，不同区域的劳动力流动是不平衡的，这就导致人口流

---

① 数据来源：《2014 年度人力资源和社会保障事业发展统计公报》和《中国劳动统计年鉴 2015》。

出及老龄化压力较高地区的社保收支非常紧张，人口流入地和经济大省地区则有大量累计结余。

虽然 2009 年国务院已经出台了《基本养老保险转移接续暂行办法》，但从现实来看，跨统筹地区的基本养老保险转移和接续难度仍然很大。这不利于全国统一的劳动力市场的形成，也造成劳动力流入省（养老金缴纳地）和劳动力流出省（养老金领取地）之间的不公平，给流动性较大的人群造成直接的利益损失，这其中影响最大的就是农民工。笔者在沿海经济较发达的省份进行实地调研时，有多家企业工会反映，每年有较大比例的农民工反对企业给他们上养老保险，因为扣掉了工资；等他们要返乡时，养老保险又没办法便捷地带走，因此他们不愿意上养老保险。而企业按照《社会保险法》的要求又必须给他们上，因此造成劳资关系紧张，这正是养老保险在没有全国统筹情况下的"奇特现象"。李克强总理 2013 年 1 月在中国工会十六大上做的形势报告中说，全国有 3800 万人断保，相当于当年全国城镇企业参保职工的 16.5%。[①] 转移接续不畅是断保现象不断增加的重要原因之一。

值得一提的是，在全国社保养老保险费率统一下降改革之前，广东的待遇标准较高而筹资标准较低，部分城市的企业职工养老保险单位缴费比例为 14%。黑龙江则待遇标准偏低，但筹资标准居高不下，上述比例高达 20%。这表明，经济较为发达的广东的企业社保缴费负担约比黑龙江企业低 6 个百分点。这种地区差异不利于形成市场经济竞争公平的基石，因为不同地区养老保险缴费的差异实质上直接影响到法定劳动成本与竞争环境。

---

① 李克强在中国工会第十六次全国代表大会上的经济形势报告［EB/OB］. 人民网，http://cpc. people. com. cn/n/2013/1104/c64094 – 23421964 – 3. html.

一个省内部也存在着发达地区和欠发达地区。实现省级统筹后，省内基金的失衡问题就解决了，欠发达地区就不需要省级的转移支付了。以养老金收支总体较为富裕的广东为例，其内部养老金结余并不均衡，97.3%的基金累计结余在珠三角地区，粤东、粤西、粤北仅占2.7%。2017年上半年，广东省曾有10个城市出现47.9亿元当期赤字。广东省自2017年7月1日启动了养老保险省级统筹改革，全省企业职工基本养老保险基金由省里统筹管理，在全省范围内统一调配和使用，解决了粤东、粤西、粤北等地区养老保险基金收不抵支、待遇发放难等问题，确保了养老金按时足额发放。但是从全国范围来看，真正实现省级统筹的省份并不多，统筹层次提高仍然是基本养老保险制度改革的重点和难点。

2015年3月，山东省作为第一个落实党的十八届三中全会决议的省份，采取的模式即为成立山东省社会保障基金理事会代为持有管理。2017年出台的全国划转方案进一步明确了省级社会保障投资管理模式在政策上的合法性和合理性，但这无疑会使养老保险基金的地方利益越来越固化，加大了提高统筹层次的难度，未来仍然存在制度整合的改革成本，并最终影响改革效果。根据2017年度国有资产管理情况的综合报告数据测算，按10%的比例，预计可划转国有资本达6万亿元。但目前整体工作进展不快，离预期规划还有一定差距。

第六章　重构中国财政社会保障支出
及其分权机制

第一节　财政社会保障支出要进行供给侧改革，
稳步提高财政社会保障支出水平

一　提高财政社会保障支出水平的必要性

我国当前的社会保障财政支出总额和支出水平总体偏低，尤其是社会保障核心项目在近些年的增长速度有所减缓，不太能满足社会保障事业进一步发展的需要。财政社会保障支出水平上升是建设健康中国、建设更可靠的社会保障制度的需要，也是推进社会保障在国家现代治理中重要作用的需要。社会保障制度能提高国家凝聚力，也是政权合理的重要保障，是公民切身利益的体现。有学者研究表明，为了进一步提高我国经济社会发展的公平性与可持续性，需要建立全民共享的发展型社会福利体系。到 2020 年，要基本实现"人群全覆盖"，需要财政投入约 57400 亿元。① 在国民经济与社会发展"十三五"规

---

① 何平、李实、王延中. 中国发展型社会福利体系的公共财政支持研究 [J]. 财政研究，2009 (6)：2-11.

划中，已经明确了"实施全民参保计划，基本实现法定人员全覆盖"的发展目标，为了该目标的实现，一定程度上加大财政社会保障支出水平是制度推进的必然。其实，在我国"十二五"财政规划中，已经规定财政社会保障支出比重达到 25%。[①] 按照我国官方的表述习惯和惯有的统计口径，该比例应该是不包括社会保险在内的支出比例。很显然，该比例没能按照原定计划实现，那么"十三五"规划应该完成这一目标，以进一步推进社会保障事业的发展。党的十八大以来，以习近平同志为核心的党中央进一步明确了以人民为中心和共享发展，在我国现代国家治理体系架构建设中，社会保障应占据很重要的地位。事实上，中国公共财政也正在发生一个前所未有的、具有重要意义的结构性转型，这是中国政府的发展战略自 2003 年以来从单方面注重经济发展转向重视经济社会协调发展的一个实际结果。[②] 中国"精准扶贫"战略、健康中国等治国方针的确立，表明在全球化的背景下，中国不仅在进行市场机制深化下的经济战略大转型，而且也在进行一场以社会保障体制改革为核心的社会大转型。这个大转型意味着中国"福利国家"的确立。这个"福利国家"并非指一国达到了很高的福利水平，而是指政府在包括教育、医疗和社会保障在内的广义的社会福利筹资和供给方面扮演举足轻重的角色。社会支出的提高，归根结底要来源于财政收入的提高。[③]

前文所及，中国的公共财政体制并没有实行全口径预算，政府收支被安排在监督和规范等级不同的四种收支项目和预算形式中，即一

---

① 林治芬、孙王军. 政府社会保障财政责任度量与比较 [J]. 财政研究，2012（2）：22 - 25.

② Edward Gu and David Kelly. Balancing Economic and Social Development: China's New Policy Initiatives for Combating Social Injustice. in Samir Radwan and Manuel Riesco（eds.）, The Changing Role of the State [M]. Cairo: The Economic Research Forum, 2007: 201 - 224.

③ 顾昕. 中国社会政策支出的筹资模式：收入结构的公平程度与激励效应 [J]. 河北经贸大学学报，2016：8 - 17.

般公共财政收支、政府基金收支、国有资本经营性收支和社会保险收支。除了社会保险支出以外,真正用于社会保障支出的主要依赖于一般性公共财政支出。而当前的社会转型与经济转型处于同一周期,经济转型所带来的经济速度的调整给财政收入扩张带来一定的制约作用,从而会影响财政支出规模的扩大。中国当前的宏观税负已经达到了较高水平,不宜进一步提高,供给侧结构性改革明确提出了"三降一补",其中"一降"即为降成本以减轻企业负担,提升企业的供给效率。党的十八届三中全会也明确提出了"稳定税负",这意味着在未来一段时间财政支出改革的着眼点在于稳定规模和优化结构。① 做大蛋糕进行增量改革长期以来是我国经济改革的取向和经验,但是有许多结构性问题是通过做大蛋糕的增量改革所不能解决的,比如发展的差距问题或失衡问题。现在必须要调整结构,把失衡的结构逐步矫正过来。② 财政社会保障支出水平的提高,同样不能仅建立在财政支出规模扩大的基础上,还需要调整财政支出结构。这个调整应包括两个层面。一是调高一般性公共财政支出在整个政府支出即广义财政支出中的结构和比重。改变当前财政社会保障支出仅来源于一般性公共财政收入的现状,应调整供给结构,增加供给来源,要使政府基金收入及国有资本经营性收入也通过不同的渠道成为财政社会保障支出的重要来源。二是要提高社会保障支出占一般性公共财政支出的比重,从而最终提高财政社会保障支出在广义财政支出中的比重。

财政社会保障支出应进行供给侧结构性改革,换句话说就是筹资结构的改革。对于财政社会保障支出需求而言,财政收入或广义的政

---

① 高培勇. 财税体制改革与国家治理现代化 [M]. 北京:社会科学文献出版社,2014:158.
② 郑功成. 单靠增量改革已过时,现在必须有魄力调整利益格局 [J]. 中国慈善家,2016(5).

府收入即为其供给侧。要打破财政收入不等于政府收入的体制惯例，让所有的政府收入都能够真正纳入全体社会成员的监督管理之下，并且从根本上服务于国家发展战略的需要，而不是某些既得利益集团的需要。党的十八届三中全会界定财政是国家治理的基础和重要支柱，是促进社会公平、维护国家长治久安的制度保障。在国民经济和社会发展"十三五"规划中，更进一步明确要建立健全有利于转变经济发展方式、形成全国统一市场、促进社会公平正义的现代财政制度。这既表明了财政制度的发展方向，也表明了财政需要推进的社会发展方向，即公平正义。社会保障是实现社会公平正义的重要的制度载体。因此，提高财政社会保障支出水平是优化财政结构的需要，是实现现代财政制度的需要，是构建国家治理结构体系的需要，是促进国家实现公平正义长治久安的发展方向的需要。适当调整传统财政社会保障支出主要为财政补贴的方式，提高财政资金的使用效率。避免一方面财政对社会保险基金大量补贴，另一方面资金结余躺在银行账户的局面长期存在。可以更注重财政补贴对未来财政支付风险的防范功能，同时加强对财政社会保障支出的贪腐监管，防止社会保障支付的可能腐败，比如在保障房建设、精准扶贫和防灾救助方面的资金监管问题。

二　我国财政社会保障支出的适度水平

实证分析表明，社会保障水平上升最快的时期是在人均 GDP 4000 ~ 10000 美元阶段；人均 GDP 超过 10000 美元以后社会保障水平增速放慢，增长速度即进入倒置曲线第一个弯曲点；人均 GDP 超过 20000 美元后，社会保障水平在波动中开始回落。[①] 2015 年中国人均 GDP 超过8000 美元，60 岁以上人口已达 2.22 亿，占人口总数的 16.15%。我

---

① 穆怀中. 社会保障水平发展曲线研究［J］. 人口研究，2003（2）：22–27.

国的综合国力水平和发展阶段，以及人口结构和社会保障深层改革等均对财政社会保障支出提出了增长的需求。首先，正如上文所言，中国的经济发展水平已经进入工业化中后时期，处于中高收入国家行列，按照马斯格雷夫的支出阶段论，该阶段公众对于社会福利等的需要大增。其次，人口结构的老龄化会进一步推动对于养老、医疗等社会保障支出的需求。最后，中国的社会保障制度改革，包括机关事业单位养老保险改革等会在一定程度上加大对于财政社会保障支出的需要。

如前文所述，若按照小口径，财政社会保障支出水平为10%左右，若按照宽口径，该水平为16%~17%，就算将社会保险支出包括在内，全口径财政社会保障支出水平也在30%以下。可见，从当前情况来看，不论是按照小口径还是按照宽口径，抑或包括社会保险在内的全口径财政社会保障支出水平都处于较低的状态。因此，应适当提高财政社会保障支出水平。当然，我国的具体国情及社会保障发展模式决定了中国不会选择高福利国家模式，也不会出现像北欧国家财政社会保障支出占财政支出比重很高的情况。

在当前状态下，中国财政社会保障支出的增长除了通过财政收入增加所带来的同步增长外，还可以通过两条路径来实现。一是通过调整一般性公共财政支出结构，提高一般性公共财政支出中的社会保障支出比重，将小口径下的财政社会保障支出水平从当前的10%稳步提高到15%、中长期提高到20%的状态。二是提高政府性基金支出用于社会保障支出方面的份额，以及国有资本经营收益用于一般性公共财政支出的比重。广义的政府支出中用于全社会保障支出的比重提高，短期内从当前的不到15%提高到20%，中长期提高到35%的水平，再加上社会保险支出，全口径下的广义财政社会保障支出水平在45%左右，这样我国的社会保障水平才能达到相对适度的状态。[①]

三　应加大通过税收优惠等措施来推动第二支柱和第三支柱的发展

按照发展型福利政策的主张，中国福利国家的建设一方面不宜选择与中国经济发展水平不相宜的福利水平，另一方面要改变传统社会政策供给机制。这种供给机制的改变与国家治理机制的改变有相关性。国家治理是基于社会共同体理念下的多元主体共同治理。国家治理机制包括行政机制、市场机制和社群机制。在发展政治学和发展社会学中，我们常常用国家 – 市场 – 社会的三角关系来概述三种治理机制的关系。[②] 在传统社会政策供给中，行政机制发挥着主导作用，社会保障的供给基本上通过国家的财政投入来实现和获得。在新的国家治理机制和模式下，财政对于社会保障的支持可以是直接投入，也可以为提供社会保障服务的各种组织提供支持。支持的方式多种多样：为购买社会保障服务的个人和家庭提供税收优惠；向社会保障服务的供给机构提供税收优惠；将社会福利的合同外包给企业和民间组织；等等。国家改变传统的行政供给机制可以推动社会保障服务提供的多元化，促进社会组织的建设，促使社会保障服务的竞争性和多样化，减少行政腐败和垄断，提高受益人的福利指数。另外，社会保障举措不能仅局限在消费领域，而应该更多包含鼓励和投资型措施，如要求福利领取者接受工作培训、参加社区公益活动、参加非社区性志愿服

[①]　全口径社会保障支出/政府广义支出×政府广义支出/GDP＝社会保障水平。包括穆怀中在内的多名学者实证研究指出，中国的中长期适度社会保障水平是25%。在政府支出规模占 GDP 相对稳定的情况下，全口径社会保障支出水平达到45%左右，中国的社会保障水平则正好处于适度保障区间。

[②]　顾昕. 中国福利国家的重建：增进市场、激活社会、创新政府 [J]. 中国公共政策评论，2017（12）：1 – 17.

务，以及为其创业提供财务和非财务支持（咨询、信息提供等）、为其提供法律援助等，[①] 使得社会保障不仅仅是保护型措施，还是能推动社会进步和经济发展的社会政策手段。

第二节　优化政府间社会保障事权划分

一　社会保障事权划分的基本原则

在多级政府管理体制和模式下，如果有可能，将所有的事权交予中央政府管理是最简便的事权划分方式，能避免不同政府间的利益摩擦和矛盾。但很显然，这种操作会带来效率的低下，因为在诸多事务中存在信息的复杂性和不对称问题。第一代和第二代财政分权理论从多角度解释了将事权下放给地方政府的必要性以及应注意和避免的问题，并为政府间事权划分提供了理论基础和具体指导思想。虽然地方政府在信息收集和了解居民意愿上有绝对的优势，但如果将事权过多下放给地方政府则会带来局部利益和整体利益冲突的问题。因此，在当前的国家实践中，不论是单一制国家还是联邦制国家，只要不是城市国家，实行市场经济的国家就会选择分权制，[②] 而不是将政府职能集中在某一级政府。亚当·斯密认为，分工是国民财富增长的源泉。划分不同政府层级的支出责任，是经济社会系统变得日益复杂化之后产生的另一种社会分工，是国家通过各级政府提供公共服务的有效方式。[③] 根据各国实践经验的总结以及财政分权理论的指导，社会保障

---

① 顾昕. 中国福利国家的重建：增进市场、激活社会、创新政府 [J]. 中国公共政策评论，2017（12）：1–17.
② 张馨. 比较财政学教程 [M]. 北京：中国人民大学出版社，1997.
③ 刘尚希等. 明晰支出责任：完善财政体制的一个切入点 [J]. 经济研究参考，2012（40）：3–11.

事权的划分有如下三点基本原则。

1. 外部性原则

外部性原则是判断社会保障公共产品属性的依据，也是确定社会保障政府责任分层的重要标准和原则。很显然，一项活动的收益或损失的范畴只局限在某一个地方，那么这个活动就理应交由该地进行管理。一项活动的收益或损失是具有外部性的，那么就需要更高级别的政府甚至中央政府来管理。相比较而言，在我国社会保障制度的主要项目中，按照外部性由弱渐强排序，应该依次为社会保险、社会福利、社会救济和社会优抚，因此中央政府参与的程度也应该相应递增。当然，同一个项目下具体子制度的外部性也存在差距和不同。外部性比较强的项目其财政责任尤其需要通过强制的方式明确化，否则就容易产生应该由中央管的事情交给地方管，甚至两者都不管的情况。

2. 信息处理的复杂性原则

信息越复杂，存在信息不对称的可能性越大，越要将事权交由地方政府来承担，尤其是事权中的执行权和管理权部分。因为地方政府在掌握信息的真实性和准确性方面与中央政府相比有独到的优势。以社会保障项目为例，社会救助制度的准确执行需要对被救助人的信息有充分的了解和甄别，因此地方政府必须负有相应的事权和事责。另外，因为社会救助涉及收入分配和解决贫富差距问题，按照马斯格雷夫的分权理论，为了克服外部性和避免地区间的福利移民，[①] 中央政府也应当在社会救助事权中有所承担。因此，各国要么直接将社会救助交由中央政府负责，要么由地方政府负有更多的管理权而中央政府通过转移支付来予以支出责任的支持。只有极个别国家除外，比如瑞

---

① 杨红燕. 财政社会保障支出：结构、公平与影响 [M]. 武汉：武汉大学出版社，2014：252.

士。再比如，与养老保险相比，社会保险中的医疗保险更适合由地方政府负责或者由地方政府与中央政府共同负责。因为医疗保险除了需要了解参保人年龄、就业状况外，还需要了解药品、医院等诸多信息，如果完全由中央政府承担事权，必然会由于信息不对称而造成道德风险或逆向选择，出现效率低下的问题。而如果完全由地方政府来承担，又会涉及人员流动和医疗资源不平衡的问题。因此在医疗保险方面，往往小国由中央政府直接管理，大国由中央政府和地方政府共同承担。而养老保险所涉及的信息相对较为简单，主要涉及年龄、生死、就业状况信息等，养老保险制度更主要关乎公平共享，这种公平共享既涉及纵向平衡、横向平衡，还涉及历史公平和代际公平。比如东北三省因当前的养老保险基金结余的困境而出现即期支付的窘况，与东北三省的老工业基地沉重的退休人员负担直接相关，也与后期经济发展进程中大量的年轻劳动力流失有关，而这些问题和平衡地方政府往往难以解决，完全由地方政府来解决也不公平，必须由中央政府统筹全盘考虑。因此，在有条件的国家，养老保险尤其是基础养老保险部分往往由中央政府承担较多的事权和事责。

3. 激励相容原则

政府从来都不是天使。[1] 第二代财政分权理论对仁慈而高效的政府假设提出质疑，指出唯有通过有效的政府结构才能帮助实现政府、官员和居民之间的激励相容。政府要设计一种体制，使得所有参与人即使按照自己的利益去运作，也能实现整体利益最大化，这种制度就是激励相容。[2] 在激励相容机制度安排下，各级政府按照自己的职能去完成事情，便能使全局利益最大化，这种制度安排就是高效的，有

---

① 托马斯·潘恩. 常识 [M]. 南京：译林出版社，2015.

② 楼继伟. 中国政府间财政关系再思考 [M]. 北京：中国财政经济出版社，2013：24.

生命力的。还是以养老保险制度为例，在中国养老保险现状和历史成因错综复杂的情况下，如果所有的事权和责任都交由中央政府来承担，就可能由于地方政府的不作为而影响制度的循环运转，造成更复杂、更困难的局面出现。反之，当前的养老保险制度中由于主要的事权由地方政府承担，而中央政府主要负责提供财政补贴，经济基础好、人口抚养比较高的地方政府养老保险基金大量结余与经济基础糟糕、人口抚养比较低的地区中央财政巨额补贴并存，很显然这种机制不是激励相容的，于中央政府与地方政府而言、地方政府之间而言、财政制度与养老保险制度而言，都不是激励相容的。因此，按照激励相容原则，养老保险事权划分安排应该进行及时的调整和改革。

鉴于中国当前社会保障事权划分改革的切实需要，有两方面要予以关注。

1. 中央主导、立法先行

中国是单一制政体的国家决定了中国政府间关系中中央政府处于更重要的地位。中国的社会保障改革实践中曾经有一段时间试行地方政府主导的模式，结果是制度碎片化，不公平不可持续的困境凸显。因此在更公平可持续的社会保障改革建设及其治理架构构建中，中央政府仍要处于主导地位，尤其是决策主导。

事权划分有两种基本的模式，一种是按照事权项目在不同层级之间进行划分，将公共产品划分成不同种类，不同种类的公共产品在政府间进行划分，由不同的政府来提供。这种划分称为项目法，也称为"横向责任"划分。另一种是将事权要素在不同层级政府间进行划分。事权要素划分为决策权、执行权、监督权和支出权。同一公共产品的不同事权要素在不同政府间进行划分。这种划分方法称为要素法，也称为"纵向责任"划分。西方欧美国家多采用前一种方式，中国政体的国情决定了更适宜用后一种方式。中央政府在大部分社会保障事权尤其是决策权方面具有更大的主导权。

当然事权的划分要处理好稳定性和变化之间的关系。如果没有制度等予以保证，这种事权明确化是不真实的，而且迟早会走入"财权上移、事权下移"的怪圈。西方成熟市场经济国家，不管是单一制还是联邦制，社会保障事权划分都呈现出高度的稳定性，这种稳定通过法律予以保障。事权不是不可以改变，但改变要有财权和财力的配套调整措施，并且经过必要的法律程序。在德国、法国、日本和英国等国家，不同级别政府事权的改变都有相当的难度。这是因为事权的划分是以宪法（基本法）为依据的。① 比如，德国的《基本法》规定，"为了普遍的利益必须进行负责的事务"由联邦负责，其他的事务原则上由各州和地方政府负责。《基本法》中的财政条款是德国联邦制的基石。②

2. 科学安排省内转移支付，可以适当考虑试点横向转移支付

中国幅员辽阔，不同省份之间的经济发展水平和具体人口结构等诸多经济社会条件的差异，决定了中国的分税制更多是中央 - 省之间的分税制，在中央 - 省层面进行规范统一，中央不可能也没必要对省以下的市、县进行直接事权的划分和资金调配。但是，当前中国地区差异存在一些特殊性。有数据表明，在全国县级行政单位人均财政支出差异中，33% 是省际的，67% 是省内的差距。因此，不同省份可以采用不同的转移支付方式和手段，但是对于其调控的结果及公平性是否得以改善，中央政府要予以关注和引导，并通过制度化的方式给予监督。

---

① 杨志勇. 中央和地方事权划分思路的转变：历史与比较的视角 [J]. 财政研究，2016 (9)：2 - 10.

② R. St. J. Macdonald. Solidarity in the Practice and Discourse of Public International Law [J]. Pace International Law Review Vol. 8，Issne2 (1996)：294.

财政转移支付包括横向转移支付和纵向转移支付，大部分国家所采用的是自上而下的纵向转移支付，也有国家选择横向转移支付模式，效果良好，比如德国。德国的财政均衡体系的目的是最终使各州政府的财政收入水平不低于全国平均水平的92%，其广泛采用州与州之间的横向转移支付制度。关于我国的转移支付方式选择，可以在进一步优化纵向转移的基础上，适当考虑区域横向转移支付制度的试点。其实从机制上讲，横向转移支付与2008年四川汶川地震之后全国尤其是东部沿海发达省份对汶川地区划片定点援助进行灾后重建有相似之处。因此，可以在经验总结的基础上，提炼出成熟的运行机制，试点横向转移支付。

二　社会保障事权划分的国际经验

从表6-1中可见，不同国家的社会保障政府间事权划分既有差异，也有相近之处。比如，德国联邦政府在社会保障事务上的责任更重一些，而加拿大的省政府和美国的州政府社会保障事权偏多一些。但共通的是，各级政府在社会保障事权划分方面都有清晰的界定，职责明确，民众也知道该由哪级政府的哪个部门管理。这样，既避免了各级政府在提供社会保障方面的推诿现象，提高了社会保障事务的办事效率，同时也便于公众的参与和监督，有利于推进社会保障制度的发展。

表6-1　西方国家社会保障各级政府权责划分一览

社会保障项目	各级政府权责划分		
	德国	加拿大	美国
养老保险	联邦政府制定政策，社会管理	联邦政府负责	联邦政府负责

续表

社会保障项目	各级政府权责划分		
	德国	加拿大	美国
失业保险	联邦政府负责	联邦政府负责	联邦政府和州政府共同负责，以州政府为主
医疗保险	联邦政府制定政策，地方政府执行	省负责，联邦政府补助	联邦政府制定政策，州政府具体举办，联邦政府补助
公共卫生	州和市镇提供	省和地方负责，联邦政府补助	州和地方政府为主，联邦政府政府补助
社会救济和社会福利	抚恤事务由联邦政府负责，社会救济由州和市镇负责	抚恤由联邦政府负责，社会福利由各省负责，联邦政府提供补助	州政府具体管理，联邦政府适当补助

资料来源：柯卉兵. 分裂与整合 ［M］. 北京：中国社会科学出版社，2010：161，178，197.

三 我国社会保障事权划分构想

应提高财政社会保障支出中中央政府直接支出的比重，尤其是应该由中央政府主要承担的事权，其支出责任应由中央政府来直接完成。另外，由中央政府和地方政府共同承担的事权，中央政府也应承担一部分支出责任，而不应大量通过转移支付由地方政府来完成，一定程度上减少转移支付的比重。当然，这种调整需要行政体制和人事制度等配套制度的改革和共同推进。

在社会保障的社会保险、社会救助、社会福利与社会优抚各个项目中，各级政府都承担不同的事权和事责，但不同的项目政府所承担的责任以及责任分置的状况应有差别。在前文分析中，根据社会保障项目的公共产品属性的差别，社会优抚、社会救助、社会福利、社会保险的政府补贴由强渐弱。在有些项目中，政府主要承担决策和管理责任，项目本身能完成运营周转，无须政府承担额外的支出责任。

表6-2　我国社会保障事权与支出责任划分框架

项目	决策	支出责任			执行和管理	监督
		中央	省	省以下		
养老保险	中央、省	基础养老金	地方养老金、职业年金	—	各级政府	各级政府
		主要历史责任	部分历史责任	—		
医疗保险	中央、省、市	对东、中、西部省份按照公共服务供给能力补贴	省级参保补贴	部分参保补贴	各级政府	各级政府
社会救助	中央、省、市	特大自然灾害	重大自然灾害	一般灾害救助	省、市（县）	各级政府
		生活救助70%左右	生活救助20%左右	其余		
社会优抚	中央、省	烈士，重残军人退休、安置	一般残疾军人退伍、安置	优待	各级政府	各级政府
社会福利	中央、省、市（县）	全国统一的项目，适当补贴	一部分老人、儿童、残疾人社会福利	大部分的老人、儿童、残疾人社会福利	省、市（县）	省及省以下
失业保险	中央、省	—	省内调剂	失业保险待遇	省、市（县）	各级政府
工伤保险	中央、省	—	省内调剂	工伤保险待遇	省、市（县）	各级政府
住房保障	中央、省、市（县）	对东、中、西部省份按照公共服务供给能力补贴	省内调剂	困难群体基本住房保障	省、市（县）	各级政府
促进就业	中央、省、市（县）	全国公共就业平台与服务	省级公共就业平台与服务	地方公共就业平台与服务	各级政府	各级政府

资料来源：部分内容参考林治芬．中央与地方社会保障事责划分与财力匹配［J］．财政研究，2014（3）：37-42.

四　近年来我国社会保障领域事权改革实践

（一）社会保障领域中央与地方共同财政事权与支出责任改革

1. 改革的背景

党的十八届三中全会通过的《中共中央关于全面深化改革若干重大问题的决定》，明确提出建立事权和支出责任相适应的制度，明确指出"适度加强中央事权和支出责任，国防、外交、国家安全、关系全国统一市场规则和管理等作为中央事权；部分社会保障、跨区域重大项目建设维护等作为中央和地方共同事权，逐步理顺事权关系；区域性公共服务作为地方事权。中央和地方按照事权划分相应承担和分担支出责任"。

同时，党的十九大进一步强调"建立权责清晰、财力协调、区域均衡的中央和地方财政关系"，必须加快推进基本公共服务领域中央与地方共同财政事权和支出责任划分的改革。

2. 改革历程

①2014 年 6 月，中央政治局会议审议通过《深化财税体制改革总体方案》，对合理划分各级政府间事权和支出责任作了明确部署。国务院 2016 年 8 月印发《国务院关于推进中央与地方财政事权和支出责任划分改革的指导意见》，明确了财政事权和支出责任划分改革的总体要求、划分原则、主要内容和配套措施等；同时，界定了中央政府事权、地方政府事权、中央与地方政府共同事权的基本范畴。从划分的范畴可见，基本养老保险、基本医疗、城乡居民基本医疗保险、基本生活救助等多项社会保障领域的基本公共服务被界定为中央与地方共同事权。

②2018 年启动中央政府与地方政府共同事权改革，颁布了《基本公共服务领域中央与地方共同财政事权和支出责任划分改革方案》

（具体可见表6-3），改革方案从2019年1月开始实施，进一步深化了事权改革的进程。

**表6-3　基本公共服务领域中央与地方共同财政事权清单及
基础标准、支出责任划分情况**

共同财政事权事项		基础标准	支出责任及分担方式
义务教育	1. 公用经费保障	中央统一制定基准定额。在此基础上，继续按规定提高寄宿制学校等公用经费水平，并单独核定义务教育阶段特殊教育学校和随班就读残疾学生公用经费等	中央与地方按比例分担。第一档为8∶2，第二档为6∶4，其他为5∶5
	2. 免费提供教科书	中央制定免费提供国家规定课程教科书和免费为小学一年级新生提供正版学生字典补助标准，地方制定免费提供地方课程教科书补助标准	免费提供国家规定课程教科书和免费为小学一年级新生提供正版学生字典所需经费，由中央财政承担；免费提供地方课程教科书所需经费，由地方财政承担
	3. 家庭经济困难学生生活补助	中央制定家庭经济困难寄宿生和人口较少民族寄宿生生活补助国家基础标准。中央按国家基础标准的一定比例核定家庭经济困难非寄宿生生活补助标准，各地可以结合实际分档确定非寄宿生具体生活补助标准	中央与地方按比例分担，各地区均为5∶5，对人口较少民族寄宿生增加安排生活补助所需经费，由中央财政承担
	4. 贫困地区学生营养膳食补助	中央统一制定膳食补助国家基础标准	国家试点所需经费，由中央财政承担；地方试点所需经费，由地方财政统筹安排，中央财政给予生均定额奖补

共同财政事权事项		基础标准	支出责任及分担方式
学生资助	5. 中等职业教育国家助学金	中央制定资助标准	中央与地方分档按比例分担。第一档分担比例统一为8:2；第二档，生源地为第一档地区的，分担比例为8:2，生源地为其他地区的，分担比例为6:4；第三档、第四档、第五档，生源地为第一档地区的，分担比例为8:2，生源地为第二档地区的，分担比例为6:4，生源地为其他地区的，与就读地区分担比例一致，分别为5:5、3:7、1:9
	6. 中等职业教育免学费补助	中央制定测算补助标准，地方可以结合实际确定具体补助标准	中央统一实施的免学费补助所需经费，由中央与地方分档按比例分担。第一档分担比例统一为8:2；第二档，生源地为第一档地区的，分担比例为8:2，生源地为其他地区的，分担比例为6:4；第三档、第四档、第五档，生源地为第一档地区的，分担比例为8:2，生源地为第二档地区的，分担比例为6:4，生源地为其他地区的，与就读地区分担比例一致，分别为5:5、3:7、1:9
	7. 普通高中教育国家助学金	中央制定平均资助标准，地方可以按规定结合实际确定分档资助标准	所需经费由中央与地方分档按比例分担。第一档为8:2，第二档为6:4，第三档为5:5，第四档为3:7，第五档为1:9
	8. 普通高中教育免学杂费补助	中央逐省核定补助标准，地方可以结合实际确定具体补助标准	中央统一实施的免学杂费补助所需经费，由中央与地方分档按比例分担。第一档为8:2，第二档为6:4，第三档为5:5，第四档为3:7，第五档为1:9
基本就业服务	9. 基本公共就业服务	由地方结合实际制定标准	主要依据地方财力状况、保障对象数量等因素确定

续表

共同财政事权事项		基础标准	支出责任及分担方式
基本养老保险	10. 城乡居民基本养老保险补助	由中央制定基础标准	中央确定的基础养老金标准部分，中央与地方按比例分担。中央对第一档和第二档承担全部支出责任，其他为5：5
基本医疗保障	11. 城乡居民基本医疗保险补助	由中央制定指导性补助标准，地方结合实际确定具体补助标准	中央与地方分档按比例分担。第一档为8：2，第二档为6：4，第三档5：5，第四档为3：7，第五档为1：9
	12. 医疗救助	由地方结合实际制定标准	主要依据地方财力状况、保障对象数量等因素确定
基本卫生计生	13. 基本公共卫生服务	由中央制定基础标准	中央与地方分档按比例分担。第一档为8：2，第二档为6：4，第三档5：5，第四档为3：7，第五档为1：9
	14. 计划生育扶助保障	由中央制定基础标准	中央与地方分档按比例分担。第一档为8：2，第二档为6：4，第三档5：5，第四档为3：7，第五档为1：9
基本生活救助	15. 困难群众救助	由地方结合实际制定标准	主要依据地方财政困难程度、保障对象数量等因素确定
	16. 受灾人员救助	中央制定补助标准，地方可以结合实际确定具体救助标准	对遭受重特大自然灾害的省份，中央财政按规定的补助标准给予适当补助，灾害救助所需其余资金由地方财政承担
	17. 残疾人服务	由地方结合实际制定标准	主要依据地方财力状况、保障对象数量等因素确定
基本住房保障	18. 城乡保障性安居工程（包括城镇保障性安居工程和农村危房改造等）	由地方结合实际制定标准	主要依据地方财力状况度、年度任务量等因素确定

资料来源：国务院办公厅关于印发《基本公共服务领域中央与地方共同财政事权和支出责任划分改革方案》的通知［EB/OB］. 中国政府网，http://www. gov. cn/zhengce/content/2018 - 02/08/content_5264904. htm.

3. 改革具体表现

①六项社会保障领域相关事权纳入基本公共服务领域中央政府与地方政府共同事权改革范畴。

从《基本公共服务领域中央与地方共同财政事权和支出责任划分改革方案》可以看出，纳入首轮改革领域的共同财政事权，无论是义务教育、学生资助，还是基本就业服务、基本养老保险，抑或是基本医疗保障、基本卫生计生、基本生活救助、基本住房保障，八个类别统统与人和家庭紧密相连。改革以与"人"最直接相关的教育、医疗卫生、社会保障等领域基本公共服务财政事权与支出责任划分为突破口，体现了中央关于兜住基本民生底线的要求。在第一批的八个改革类别中有六项直接与社会保障相关，体现了社会保障在民生建设中的重要性。

②确定了政府补贴的基本标准。

在基本标准方面，义务教育和学生资助标准由中央来制定，社会保障方面六大类别中的就业服务、医疗救助、困难群众生活救助、残疾人生活救助以及基本住房保障方面主要由地方政府制定标准，其他领域的标准均由中央政府来制定。

③改革了区域划分的方式。

在这次改革中，改变以往简单按照东、中、西部划分的方式，而是按照地方财力分档次划分确定分担比例。根据地方财力，一共划分五个档次，中央承担的比例依次递减。第一档包括内蒙古、广西、重庆、四川、贵州、云南、西藏、陕西、甘肃、青海、宁夏、新疆 12 个省份；第二档包括河北、山西、吉林、黑龙江、安徽、江西、河南、湖北、湖南、海南 10 个省；第三档包括辽宁、山东、福建 3 个省；第四档包括天津、江苏、浙江、广东 4 个省市和大连、宁波、厦门、青岛、深圳 5 个计划单列市；第五档包括北京、上海 2 个直辖市。按照财力水平划分档次来安排中央和地方财政配套比例，更有利于打破利益格局固化，更显公平，更能实现财政资源配置的科学化。

从所列的社会保障领域共同事权领域支出责任来看，中央政府的支出责任有所上升。以城乡居民基本养老保险为例，中央确定的基础养老金标准部分，中央与地方按比例分担。中央对第一档和第二档承担全部支出责任，其他档次中央与地方的分担比例为5：5。

（二）企业职工基本养老保险基金中央调剂制度

企业职工基本养老保险是社会保险乃至整个社会保障体系中最为重要的部分。按照信息复杂性原则等事权划分判断，适合由高一级政府进行统筹管理，这样更有利于实现历史公平、代际公平和地域公平。企业职工养老保险基金中央调剂制度的建立是养老保险事权适当上移的重要表现，为日后实现全国统筹迈出第一步。

1. 中央调剂制度主要内容

2018年7月1日，我国开始建立了企业职工基本养老保险基金中央调剂制度。各地按比例上缴资金形成中央调剂基金。中央不留存基金，按离退休人数全部向各地定额拨付。企业职工养老保险是基本养老保险制度中的重头，也是社会保险制度中最为重要的一个板块。

中央调剂制度的基本原则为"促进公平、明确责任、统一政策、稳步推进"。中央政府通过建立中央调剂制度，合理均衡地区间基金负担，提高养老保险基金整体抗风险能力，一定程度上解决了地区间的历史公平和流动性负担公平问题；中央政府通过中央调剂制度，建立了中央与省级政府责任明晰、分级负责的管理体制；中央政府通过统一制定职工基本养老保险政策，逐步统一缴费比例、缴费基数核定办法、待遇计发和调整办法等，最终实现养老保险各项政策全国统一；中央政府合理确定中央调剂基金筹集比例，平稳起步，逐步提高。

中央调剂基金由各省份养老保险基金上解的资金构成。按照各省份职工平均工资的90%和在职应参保人数作为计算上解额的基数，上解比例从3%起步，逐步提高。

某省份上解额＝（某省份职工平均工资×90%）×某省份在职应参保人数×上解比例

其中：①各省份职工平均工资，为统计部门提供的城镇非私营单位和私营单位就业人员加权平均工资。②各省份在职应参保人数，暂以在职参保人数和国家统计局公布的企业就业人数二者的平均值为基数核定。将来条件成熟时，以覆盖常住人口的全民参保计划数据为基础确定在职应参保人数。

中央调剂基金拨付金实行以收定支，当年筹集的资金全部拨付地方。中央调剂基金按照人均定额拨付，根据人力资源和社会保障部、财政部核定的各省份离退休人数确定拨付资金数额。

某省份拨付额＝核定的某省份离退休人数×全国人均拨付额

其中：全国人均拨付额＝筹集的中央调剂基金/核定的全国离退休人数。

2. 中央调剂制度初试状况

2018年7月建立了中央调剂制度，开始有了调剂金的第一次上缴和拨付。2019年初公布了第一次的收支情况，各地上缴的城镇职工中央调剂金合计4844.6亿元，同时这些资金全额拨付给了各地。

从上缴情况来看，广东、江苏、北京、浙江、山东、上海等地2019年上缴预算规模均在330亿元以上，六地合计上缴2665.2亿元，占中央调剂金总规模的55%。其中，广东遥遥领先，741.6亿元的上缴额占总量的15.3%；加上江苏的478.8亿元，两省合计已占1/4。在拨付资金方面，四川、江苏、辽宁三省拨付额最多，分别为375亿元、371.2亿元、346.8亿元。

从上缴金额和拨付金额的差额来看，所有省份当中，广东、北京、浙江、江苏、上海、福建、山东等7个省份是"贡献"省份。其中，广东"贡献"最多，为474亿元。在所有省份中，有22个省份拨付的金额超过上缴的金额，属于"受益"省份。辽宁、黑龙江、四川、吉林、湖北、湖南、内蒙古、河北等地受益资金较多。其中，辽宁、黑龙江、四川3省受益金额位列前三，分别为215.8亿元、183.8亿元、177.8亿元。

鉴于2018年中央调剂制度的平稳进行，同时为了进一步均衡各省之间的养老金负担，保证养老金按时足额发放，2019年开始调剂金的比例提高到3.5%。

3. 从中央调剂金走向全国统筹

在人口老龄化不断加剧以及基本养老保险参保率不断提高的情况下，城镇职工基本养老保险统筹层次低位运行带来的一系列问题日益凸显，所可能引发的制度风险、财政风险及社会公共风险不可忽视。社会保障统筹层次低，直接限制了地区之间的互助共济，财政补贴剧增与基金巨额结余同步存在，制度公平性缺失与资金效率低下同步存在。

在2018年6月11日召开的企业职工基本养老保险基金中央调剂制度贯彻实施会议上，明确指出："要加快推进省级基本养老保险基金统收统支，2020年全面实现省级统筹，为养老保险全国统筹打好基础。"[①] 如果说建立中央调剂制度是第一步，那么2020年实现省级统筹是第二步，最终实现全国统筹就是第三步。全国统筹后，将由中央统一负责养老保险基金的收入、计发、管理等，地方经办机构只负责记录追踪、待遇核算、基金征缴等工作。实施全国统筹是职工基本养

---

① 养老金全国统筹确定具体时间表　2020年实现省级统筹［EB/OL］. 新浪网，http://finance. sina. com. cn/china/gncj/2018－06－13/doc－ihcwpcmp8764511. shtml.

老保险制度深化改革的重要一步。这将使工薪劳动者的基本养老金制度和政策实现全国统一，从而促进各地劳动力成本的均衡和全国统一劳动力市场的形成。

区域经济发展不平衡、省际养老保险制度不统一、地方保护主义及部门利己主义、转移接续制度安排尚不完备等现实困境，或多或少阻碍了全国统筹进程的推进效率。推进基本养老保险全国统筹的过程，不仅是养老保险制度本身的制度建设过程，也是中央政府与地方政府之间博弈的过程。因此，需要高度重视各级政府相关事权的改革和有效落实，按照激励相容原则，由中央政府给予地方政府一定的激励，并且平衡和调整好中央政府与地方政府之间的利益分配及责任，从而消除二者博弈带来的效率损失。

第三节　合理构建社会保障内部制度建设

一　建设更完善的社会保障制度体系

社会保障财政体制改革必须与社会保障制度本身的调整齐头并进。社会保障制度本身的完善是主体，是基石，财政社会保障体制改革是扫除障碍，是制度配套。如果社会保障制度不进行调整，仅一味地增加财政投入，就像制度"黑洞"一样会极大地有损财政资金的效率，从根本上影响全体公民的福祉。

在"人力资源和社会保障十三五规划"中，明确提到在"十三五"发展规划中社会保障要"坚持全民覆盖、保障适度、权责清晰、运行高效"的方向，其中的"权责清晰"既包括参保人及雇主的权责清晰，也指政府自身的权责清晰。同时，进一步指出要"努力实现财政对社会保障投入的规范化和制度化"，此处的"规范化、制度化"不是仅仅指每年投入多少费用。所谓的规范化是指在经济、技术及管理实践中，对重复性事物和概念通过制定、发布和实施标准达到统一，以获得秩序和最佳效益。制度化是指群体和组织从特殊、不固定的方向向被广为认可的普遍化模式转换的过程。制度化的过程往往是要基于共同的价值观念和发展走向。就社会保障财政投入而言，其良性发展一定要制度融合，既不能强调财政压力而忽视对社会保障制度的支持，也不能一味强调财政兜底而忽视社会保障制度优化，而是要置于国家治理体系建设和社会发展长治久安的大方向下协同发展。

从长期以来我国的财政社会保障支出结构来看，用于社会保险的财政补贴最高。由于大量财政补贴的投入，这些制度都逐步蜕变成了财政补贴型制度，而非严格意义上的社会保险制度。[①] 其中，基本养老金补贴、城乡居民医疗保险（在合并前为新型农村养老保险和城镇居民医疗保险）补助所占比重最大。2014 年，基本养老金补贴和城镇居民医疗保险补贴分别为 4162.28 亿元和 4081.74 亿元，两者补助能占口径二（即宽口径）财政补助的 1/4 以上，远远超过包括社会救助在内的其他社会保障项目的财政投入。除此之外，失业保险和工伤保险每年均有财政补贴。养老金在我国从 2005 年以来每年都保持较高的增长率，对保障退休人员的生活起到较好的稳定作用。新农合制度自推行以来也得到了较高的社会认可，较早完成了制度全覆盖。这些都与财政投入密切相关。在制度建设过程中，一方面，制度短板需要政府财政的补贴，政府也应当承担这份责任。但从另一方面来看，制度短板完全可以通过制度改革和制度创新加以修正和调整。

基本养老保险的高财政投入与当前基本养老保险制度的统账结合

---

① 郑秉文主编. 中国养老金发展报告 2014 [M]. 北京：经济管理出版社，2014：3.

不够完善也有直接的关联。基础养老金统筹层次提高与财政社会保障体制改革尤其是中央政府在基础养老金事责的承担上互为表里。不断提高基础养老金统筹层次能有效改善养老金基金高额结余与财政补贴大量投入的矛盾表象。进一步优化个人账户制度，尽快确定个人账户制度模式，并且尽早落实划转国有资本充实社会保障基金方案，使得养老金制度本身在一定程度上能够保障可持续，这才是长久之道。城镇居民医疗保险制度同样可以通过制度的巧妙设计，减少对于财政补贴的过度依赖，从而节省一定的财力，并且将节减下来的财力真正用在贫困地区和贫困居民身上。唯有制度创新和财政投入的协同作用，方能保证社会保障制度的稳定可持续。国家治理即在于追求善治，追求公共风险的最小化，保证国家发展和文明进步的可持续。在国家治理中，唯有将多元利益主体之间的竞争博弈转化为发展的合力，而不是转化为导致共同体停滞的斥力，才能真正防范或化解公共风险。

二 完善社会保障管理体制

中国社会保障管理体制的改革伴随社会保障事业建设的发展不断改变，其中有制度创新也有路径依赖。1998年中国第一次出现了"社会保障"命名的部委，成立了劳动与社会保障部，2008年机构改革，调整为人力资源和社会保障部，主管社会保障（主要是社会保险）事务。中国社会保障管理实行的是集中与分散相结合的管理模式，在人力资源和社会保障部之外，仍然有民政部、卫健委（原卫生部）、住建部等部门分管社会保障事务中的相关工作，这种模式运行达十年之久。这种管理模式在专业分工上表现出一定的优势，但与此同时，问题和弊端也较明显。部门之间分工模糊、政策相互掣肘、管理间隙多等问题既带来社会保障管理和决策的不利，也产生财政资金使用的浪费和低效。

另外，社会保障管理部门之间的博弈往往会影响制度执行的质量，造成制度空心化。比如，之前的新农保、新农合，以及统筹之后的城镇居民养老保险和城镇居民医疗保险，上级政府都会给下级政府派发任务指标，下级政府一方面要花大力气去推动制度执行，完成指标任务；另一方面，还必须按照完成的任务去提供相应的补贴配套，形成财政压力。换言之，指标完成越多，配套的财政补贴也就会越多。虽然中央及上级政府会有转移支付，但是其转移支付的只是中央和上级政府各自需要承担的部分，并不能减少地方政府的财政压力。

三　构建社会保障精算与预算制度

党的十八届三中全会明确提出的坚持精算平衡原则，在"十三五"规划中再次被强调。发达国家大多有远期精算制度，有助于未雨绸缪早做安排，也能为顶层设计提供更准确的参考依据。中国当前的社会保障正处于制度调整和结构改革的关键时期，坚持精算平衡有利于保障制度设计的精准和可持续，为社会保障制度运行质量的可检查、可评估、可量化提供了一个基本原则。[①]

社会保障预算的责任和目标就是要确保民众能够通过提前的资金筹集，分散老年、疾病和伤残风险，并且能够随着经济社会的发展，共享改革成果。[②] 从 1998 年确立公共财政以来，社会保障预算就成为公共财政研究中的重要议题，但至今仍然仅仅停留在社会保险预算的阶段。社会保障预算制度应和社会保障精算并行，互为补充，真正对社会保障资金的筹集、使用和规划提供技术和制度上的保障。这样财

---

① 郑秉文主编．中国养老金发展报告 2014 [M]．北京：经济管理出版社，2014：3.

② 谢和均、李珍．社会保障预算总量演进治理：渐进主义与公共选择的视角 [J]．现代管理科学，2013（19）：14 – 16.

政才能够从大局出发，统筹社会保障资金的各项开支，更能兼顾城乡发展和社会保障各个项目的发展，并确保各项资金的及时到位，促进财政社会保障支出的公平、合理、有序。

第四节 防控财政社会保障支付风险

一 坚守经济发展观与社会建设观共容的理念

长期以来，我们对于经济发展和社会保障建设存在一定程度对立的观念和认知，造成这种观念的很大部分原因在于市场经济建设过程中经济发展的政绩激励机制。在考核地方官员政绩和考虑地方官员升迁中，很重要的影响因素是执政地方的经济发展速度等指标表现。这促使地方官员在安排财政支出、贷款指标、优惠政策等时明显向经济发展领域倾斜。另外，地方官员在经济发展中也能得到更明显的实惠，比如寻租。当下，中国经济步入新常态，各方面都决定了一味强调经济发展的时期已经结束，但很显然也不能走向另外一个极端，即单方面强调社会建设而否定经济发展的重要地位。

其实，经济建设与社会保障建设以及其他建设共同构成了当前有中国特色的现代国家治理体系中的核心内容。经济建设与社会保障建设不应该是矛盾的。从世界各国情况来看，社会保障建设良好的国家大多是发达国家或者是经济发展良好的国家。一方面，社会保障核心部分社会保险的基础是就业，良好的经济发展能提供较为充分的就业岗位，奠定了社会保障的基础。另一方面，良好的经济发展提供了较为充足的财政资金，还推动社会保障尤其是社会救助及社会福利的相关建设。如果经济状况恶化，会显著影响社会保障各个项目的良性运转，带来社会保障财政支付风险的增加。而健全完善的社会保障能有效地促进国家的安定团结，稳定民心，创造良好的经济建设环境，并且能为劳动力市场流动创造良好的条件，提高劳动生产率。同时社会保障建设和社会服务提升需求，还能创造新的行业和经济增长点，为经济增长带来新的引擎。因此，经济发展和社会保障建设发展应该是互为推动，而不是互为排斥。在中国当下，更要妥善处理好二者之间的关系，一方面大力进行社会保障建设；另一方面稳步推进经济结构转型，推动国家治理体系的完善，从而能有效防止因为经济结构错配带来社会保障的支付危机。

二 合理安排支出顺序，降低财政社会保障支出结构性风险

要正视社会保障财政支付风险的结构不平衡性，在社会保障内部建立财政支出的合理优先顺序，同时提高项目资金的使用效率，以降低财政社会保障支出的结构性风险。① 社会救助和社会优抚是财政社会保障支出中必须完成的部分，养老保险、医疗保险是财政社会保障支出中的重头，社会福利是需要根据经济发展情况和财政能力逐渐完善的模块。

随着经济发展水平的提高以及人民对于美好生活向往愿望的增强，近年来社会福利及社会服务等民生方面的支出有不断增长的趋势，这种增长趋势符合财政支出增长的客观规律。不过，在经济进入新常态、财政收入增长率趋缓的宏观经济背景下，政府也应明确其财政责任的定位，避免对于一些民生支出给出非理性的承诺，造成财政社会保障支出的支付风险。

---

① 杨红燕、陈天红. 社会保障财政支付风险的多角度分析与全方位应对 [J]. 华中科技大学学报（社会科学版），2011（4）：97-104.

此外，还应该控制地方政府债务，防止微观支付风险的发生与渗透。从中国当前的中央政府债务水平来看，债务是比较安全的，债务率仅有20%左右的水平，远低于国际上45%或60%的债务警戒线。但是自2013年以来，相对于中央债务水平，市场上更关注的是地方债务规模。截至2019年5月末，全国地方政府债务余额198953亿元，控制在全国人大批准的限额之内。其中，一般债务116710亿元，专项债务82243亿元；从另一分类看，政府债券195802亿元，非政府债券形式存量政府债务3151亿元。① 按照官方的有关数据，地方政府债务规模总额已经超过了中央债务规模，并且仍有一部分隐性债务游离在官方监控之外。如果大量的地方债务积聚没有得到有效监控，会造成局部甚至更大范围的财政支付风险。

三　加快全国社会保障基金等各项社会保障基金的建设和完善

人口老龄化是当前全世界诸多国家所面临的现实难题，它不仅会对一国经济的可持续增长带来巨大挑战，也会对社会保障制度尤其是社会保险制度的财务可持续性造成影响。

全国社会保障基金是战略性储备，是应对人口老龄化的举措，也是社会保障转轨历史责任承担的体现。2000年建立了全国社会保障基金理事会，逐步开启了国有资本划转全国社会保障基金的工作，尤其是党的十八届三中全会再次确认划转部分国有资本充实社会保障基金的决定，并于2017年11月9日发布了《划转部分国有资本充实社会保障基金实施方案》。划转国有资本充实社会保障基金既是增强社会

---

① 2019年8月地方政府债券发行和债务余额情况［EB/OL］. http://yss.mof.gov.cn/zhuanti-lanmu/dfzgl/sjtj/201906/t20190617_3279074.html.

保障基金未来支付的能力，也是有效降低财政社会保障支出风险的重要举措。

根据《全国社会保障基金条例》的规定，全国社会保障基金由中央财政拨款、国有资本划转、基金投资收益和国务院批准的其他方式筹集的资金构成。2000 年成立之初，全国社会保障基金的规模仅为 200 亿元，到 2017 年末达到 22231.24 亿元，年均投资收益率达到 8.44%。财政性拨入全国社会保障基金的资金和股份累计 8577.80 亿元。其中，中央财政预算拨款 3098.36 亿元，国有股减转持资金和股份 2827.75 亿元，彩票公益金 2651.69 亿元。[①] 基金规模有了大幅上升。在现有资金渠道中，中央财政资金补助、国有资本划转、投资收益等是较为主要的资金来源。在经济增长速度回归常态、减税降费的宏观经济背景下，财政资金划拨以及投资收益的增长幅度都会受到一定程度的影响，而人口老龄化带来的基本养老保险基金压力不断增加。因此，划转国有资本充实社会保障基金，能稳定基金的支付能力并降低财政社会保障支付风险，同时通过划转国有资本充实社会保障基金也能充分体现代际公平和国有企业发展成果全民共享，实现共建共治共享。

2017 年国务院出台了《划转部分国有资本充实社会保障基金实施方案》（以下简称《实施方案》），为后续划转工作明确了基本原则和具体方略。《实施方案》明确指出，划转部分国有资本的基本目标就是弥补因实施视同缴费年限政策形成的企业职工基本养老保险基金缺口，促进建立更加公平、更可持续的养老保险制度。2018 年划转工作开始加速，截至 2019 年 9 月，中央企业和中央金融机构划转国有资本

---

① 2017 年全国社会保障基金理事会社保基金年度报告［EB/OL］. http://www.ssf.gov.cn/xxgk/tzycb/cwbg/201807/t20180731_7418.html.

总额达到 8601 亿元，地方企业的划转也在积极推进。划转规模有望稳步提升。

划转国有资本充实社会保障基金很大程度上缓解了未来基本养老保险的支付压力，但社会保障基金建设还有许多方面需要加强。第一，需要根据我国社会保障制度建设的规划，进一步明确规定其建设的目标规模。可以借鉴其他国家建设主权养老基金的状况，比如挪威等国家，将战略储备基金建设规模设定为 GDP 的一定比例。[①] 第二，根据《实施方案》的部署，国有资本的划转对象不同，其承接主体也分为中央和地方两个层面。划转的中央企业国有股权，由国务院委托社保基金会负责集中持有，单独核算，接受考核和监督。划转的地方企业国有股权，由各省级人民政府设立国有独资公司集中持有、管理和运营；也可将划转的国有股权委托本省（区、市）具有国有资本投资运营功能的公司专户管理。中央和地方两级分治管理的模式与基本养老保险全国统筹的目标有一定的相斥性。因此，为了真正实现基本养老保险全国统筹，应对承接主体的管理模式进一步优化。第三，划转国有资本充实社会保障基金的目的是应对未来基本养老保险基金的支付压力，那么社会保障基金建设内容中关于支付启动日期的窗口规划等都应纳入日程，早日进行顶层设计。第四，在稳定现有资金来源渠道的基础上，适当开辟其他资金来源渠道也是确保全国社会保障基金规模合意增长的重要保证。根据中国的现实国情和国际经验，资源税、矿山开采金、土地出让金等资源性国有资产收入的一定比例可以考虑作为充实全国社会保障资金的新的资金渠道。

除了全国社会保障资金这只非缴费型基金外，中国基本养老保险基金这只缴费型基金的规模更为庞大。截至 2018 年末，全国基本养老

---

① 郑秉文．中国养老金发展报告 2018［M］．北京：经济管理出版社，2018：83.

保险基金累计结余达到 58152 亿元，其中城镇职工基本养老保险基金累计结余 50901 亿元，城乡居民基本养老保险基金累计结余 7250 亿元。规模是全国社会保障基金规模的 2 倍有余。为了推动中国基本养老保险基金的建设及实现基金的保值增值，可以逐步研究规划改革路线，像美国联邦社保基金（OASDI）、日本年金积立金（GPIF）、加拿大养老金计划（CPP）等缴费型养老保险基金一样，引入投资体制。

2015 年，中央决定对基本养老保险基金进行投资管理改革，出台了《基本养老保险基金投资管理办法》（以下简称《管理办法》），某种程度上是对全国社会保障基金理事会作为受托机构进行投资运营的正式授权。不过，基本养老保险基金由于一直以来的统筹层次低下、碎片化分割等问题，5 万多亿元的资金分散在上千个县市行政区域，因此《管理办法》实施之后的三年多，仅签订了 7150 亿元的委托投资合同，且只有 4166.5 亿元资金到账。统筹层次低下、行政管理割裂等体制上的缺陷所带来的负面影响日益彰显，既成为基金投资运营的根本阻碍，也加大了财政社会保障支付风险。2018 年中央确定建立企业职工基本养老保险基金中央调剂制度，迈出了实现基本养老保险全国统筹的第一步。通知规定，"中央调剂基金由各省份养老保险基金上解的资金构成。按照各省份职工平均工资的 90% 和在职应参保人数作为计算上解额的基数，上解比例从 3% 起步，逐步提高"。"中央调剂基金实行以收定支，当年筹集的资金全部拨付地方。中央调剂基金按照人均定额拨付，根据人力资源和社会保障部、财政部核定的各省份离退休人数确定拨付资金数额。"如果说，建立中央调剂制度是第一步，那么 2020 年实现省级统筹是第二步，最终实现全国统筹是第三步。① 基本养老保险全国统筹能促进社会保险制度大数法则的有效发

---

① 郑秉文. 中国养老金发展报告 2018 ［M］. 北京：经济管理出版社，2018：10.

挥，真正建立基本养老保险投资体制，有效缓解财政社会保障支付风险，推动建立健全更加公平更可持续养老保险制度目标的实现。

此外，基于中国的具体国情并借鉴其他国家的改革实践，当前中国具备建立外汇养老基金的条件和契机。1997 年之前，中国的外汇储备不足千亿美元，2018 年末国家外汇储备余额为 3.07 万亿美元。根据 IMF 的统计数据，中国的外汇储备占全球外汇储备规模的近 30%。[①]纵观国内国际经济环境，当前是建立外汇养老基金的适当时机。外汇养老基金建立的经济逻辑与全国社会保障基金的建立以及划转国有资本充实社会保障基金的经济逻辑有相似之处。改革开放 40 年也是中国外向型经济发展的 40 年，早期的劳动密集型出口商品和后期的资本密集型出口商品换取了大量的外汇储备，现将一部分外汇储备建立外汇养老基金以提高社会保障这一公共服务的稳定性及其服务水平，也是取之于民、用之于民，分享国民经济发展成果的举措。同时，外汇养老基金的建立一定程度上能有助于外汇资金管理的多元化，并一定程度上缓解所谓"中国投资威胁论"的猜忌和质疑。当然，在当前外汇结售汇制度以及社会保障基金对外投资管理制度下，外汇养老基金如何具体筹备以及如何有效进行对外投资管理以获取投资收益等问题，需要对有关的法律法规进行相应的完善。

不同来源渠道的社会保障基金的建设和完善，能有效缓解财政社会保障支出压力，有助于建设更可靠、更加公平更可持续的社会保障制度。

---

① 郑秉文. 中国养老金发展报告 2018［M］. 北京：经济管理出版社，2018：11.

第七章　结论

党的十八届三中全会确立了建立更公平可持续的社会保障改革目标，并在"十三五"规划中得到进一步确认。更可靠的社会保障、更加公平更可持续的社会保障，需要全社会共同努力，充分发挥政府、企业、个人的作用，形成强大合力，明确政府所承担的社会保障责任，更好发挥公共财政在民生保障中的作用。社会保障制度的完善，不仅要通过社会保障制度本身的建设来实现，同样也需要更好、更有效、更长久地落实社会保障建设政府责任来给予保障。

政府介入社会保障的范围和深度一直是人类回答现代社会保障路在何方的重要课题，尤其是在希腊等国爆发欧债危机之后更是引发社会各界对该课题进行全方位的思考。纵观诸多国家社会保障改革实践，政府财政责任在其中发挥了重要的作用并产生了深远的影响。

财政社会保障支出是社会保障政府责任的具体体现，财政责任在社会保障制度建设中的落实和体现不仅关系到社会保障制度的资金来源和财务的可持续性，也在一定程度上决定了社会保障制度的取向和定位。财政社会保障支出及其分权是构建社会保障政府责任的两条边界：财政社会保障支出构建出社会保障领域政府与市场的边界，是政府责任的具体体现和量化；财政社会保障分权构建出社会保障领域中央政府与地方政府的边界，体现出社会保障领域不同层级政府之间

"财与政"的边界。

本书以财政社会保障支出及其分权状况为主题，深入研究了在不同时期中国社会保障建设过程中财政所起到的重要作用，并对当前的财政社会保障支出水平、项目结构及支出公平等进行了重点分析，同时针对中国特色财政分权下的财政社会保障支出分权进行了评估。本书还着重就当前财政社会保障支出水平及分权所存在的主要问题进行分析研究。概括而言，通过研究，本书主要得出了以下结论。

第一，财政制度及其改革状况对我国社会保障制度发展起到非常重要的推动作用。

财政是国家治理的基础和重要支柱。国家治理的主体是政府，财政是政府的经济行为，财政也正是政府履行职能的基础所在。政府通过财政行为和财政政策体现了其政治诉求和执政理念。财政制度的影响在我国社会保障制度的改革历程中体现得尤为突出。在社会保障改革的几个重要节点上，财政制度改革助力起到至关重要的作用。

计划经济时期的财政是计划型财政，非分权型财政；是公有制财政，非公共型财政；是直接参与初次分配的财政，非再分配型财政。在这种财政模式下，社会保障主要是采用单位保障的形式，企业和机关事业单位各成系统，城镇和农村天壤之别。社会保障呈现出明显的城乡差别和所有制差别。财政提供的社会保障更多的是临时性的救助，其中救灾支出曾一度成为最主要项目。其结果是社会保障尤其是城镇体制内的社会成员的社会保障由政府全面负责与财政社会保障支出金额贫瘠之间呈现出表象上的矛盾和冲突。随着改革开放的开启，财政管理体制成为最早的改革突破口。为了刺激地方政府积极性，放权让利，财力逐渐向地方政府集中，各地为政，自成体系，中央政府财力匮乏，不可能为社会保障制度提供全国统一的财力支持。因此，在 20 世纪 80 年代，"分灶吃饭"制度下的"诸侯财政"决定了社会保障社会化改革初期的分散化、碎片化、形式多样化和统筹层次低下的特点，也造成了后来的社会保障改革一定的路径依赖。其后 90 年代初，宏观经济状况促使财政管理体制启动分税制改革，并明确提出要提高财政占 GDP 的比例及提高中央财政收入占财政收入的"双提高"目标。1994 年分权制改革明显提高了中央财政实力，为后续社会保障制度的统一及社会保障政府责任的回归奠定了经济基础。1998 年中央政府确立公共财政的发展方向。公共财政的关键属性在于两大公共性。一是，公共财政是为市场提供公共产品和公共服务的财政；二是，公共财政是接受公众约束和监督的财政。公共财政是无城乡差别、无所有制差别的财政。因此，1998 年公共财政的定位为当年社会保障的全国统一及"全面覆盖、城乡统筹"的改革方向提供了制度保障和经济支持。2016 年财政体制改革的重启进一步规范了中央政府和地方政府的社会保障事权划分，有助于社会保障制度的更可靠和更可持续。

第二，财政社会保障支出水平、公平性等方面均有所提高，但是仍需要进一步改善。

为了更完整地反映财政社会保障支出状况，本书构建了大小不同的三个指标。不论从哪个指标来看，从 1998 年开始，中国财政社会保障支出绝对规模增长迅猛，但相对规模指标水平增长缓慢，支出水平显著低于 OECD 国家。在支出结构方面，财政社会保障项目支出更偏重于社会保险，而在社会保险中补贴主要是用在了养老保险项目。养老保险财政支出占比较高与我国人口老龄化、养老保险制度需要财政承担较大的转轨成本有关，也与国际上财政社会保障支出结构发展趋势有一定的相近性。社会救助支出力度虽有所增加，但这是由于占比最高的保障性住房支出增加所致，而其他社会救助支出力度不足。

在财政社会保障支出公平方面，城乡公平和地区公平都得到相应的改善，但是农村社会保障更多的是生活保障，而用于就业等方面的支出不足。地区公平性仍然不够，且分布不平衡。地区间的差异小于地区内的差异，东部地区内的差异明显高于中部和西部地区内的差异。同时，经济对财政社会保障支出的推动作用并不明显，从地区表现来看，部分地方政府缺乏将经济发展成果转化为社会保障公共产品提供的内在激励。与经济发展水平、财政分权对财政社会保障支出地区差异相比较，中央政府对地方的倾斜性支持政策以及中央转移支付在打破地区间经济发展水平差异与财政社会保障支出水平之间具有更为紧密的正向关联。

从保障机会来看，城乡之间的差异一度很大，不论是社会保险还是社会救助，城乡之间的差异都非常明显。但从 2003 年开始，随着新型农村合作医疗、新型农村养老保险以及农村低保制度的开展，城乡财政社会保障支出的覆盖率差距显著缩小。近年来，社会保障制度城乡统筹进一步降低了社会保障制度城乡覆盖差距。从具体保障内容和保障程度来看，城乡养老保险的财政支出差异最为显著。城乡人均养老保险财政支出差异最大，低保次之，医疗保险人均财政支出差异最小。不过，各项差异都呈现逐步缩小和改善的趋势。相比于城乡公平，财政社会保障支出地区差异更为严重，地区碎片化程度更甚于城乡碎片化。在资金的管理效率方面，由于当前中国社会保障管理体制中财政社会保障支出由人力资源和社会保障部、卫健委、民政部多部门来完成，财政社会保障支出数据散乱，统计分析较为困难，这也在一定程度上加大了国际比较的难度。

针对以上财政社会保障支出水平及公平效率的表现，特提出以下相关建议。首先，要规范财政社会保障管理的统计制度，将相关社会保障项目规定统一管理，科学统计。其次，要提高财政社会保障支出的总体水平，并且进一步优化财政社会保障支出结构。再次，要统筹城乡社会保障财政支出，加大财政社会保障支出农村地区的比重。最后，实现更为科学的地区转移制度，打破按照经济区域即东、中、西部区分社会保障财政补贴和财政社会保障转移支付的方式及做法，科学调节地区不均衡状况。

第三，我国财政社会保障支出应进行供给侧结构性改革。

在我国财政社会保障支出水平的学术研究中，经常被忽视的问题是社会保障支出的财政供给侧的非完整性和非全面性。我国广义的政府财政收支分为一般性公共财政收支、政府基金收支、国有资本经营收支和社会保险收支。从当前的支出结构来看，除了社会保险支出外，一般性公共财政支出是财政社会保障支出最主要的来源，而来自政府基金支出和国有资本经营支出的比重几乎可以忽略不计。政府基金支出和国有资本经营支出占广义政府支出中的比重在三成左右。由于惯性思维，在考量财政社会保障支出水平时，通常仅局限在一般性公共财政支出的概念和范畴中。但一般性公共财政收支不等于政府财政收支，这一客观的制度基础影响了对财政社会保障支出真实水平的判断，也是阻碍财政社会保障支出水平进行国际比较的重要因素之一。因此，全面评估财政社会保障支出水平时不能仅从一般性公共财政支出角度出发，而是要进行全口径财政社会保障支出水平的考量。使用全口径财政社会保障支出维度，更有利于财政社会保障支出水平的国际比较。在全口径指标下，我国财政社会保障支出水平显著低于西方发达国家。同时，社会保障支出占 GDP 的比重即社会保障水平也显著低于 OECD 国家。

党的十八届三中全会明确提出要"健全社会保障财政投入制度"。健全社会保障财政投入制度并不是简单地增加现有口径上的财政社会保障支出水平，而是对财政社会保障支出进行供给侧结构性改革。我国有很大一部分政府收入游离在公共财政收入之外，公共财政支出只是政府支出的一部分。这种结果产生的根源在于既得利益的纠葛和传统体制的惯性，只有跳出这种逻辑思维和管理模式才能真正实现公共财政制度。由于我国当前的宏观政府支出规模已经较大，因此不适宜通过扩大广义财政支出的方式来提高财政社会保障支出水平，财政社会保障支出供给侧结构性改革应从多方面入手。提高国有资本上缴经营收益的比重，同时提高国有资本经营收益纳入公共财政收入的比重；改变当前财政社会保障支出仅来源于一般性公共财政支出的现状，将广义政府收支纳入全口径预算，提高全口径预算下的政府支出用于社会保障的比重，从而真正提高财政社会保障支出水平。

第四，财政社会保障支出分权程度高，不同层级政府间社会保障事权划分与支出责任划分不清。

按照传统的财政分权理论，政府公共产品通过不同层级的政府来提供会更有效率，更能满足民众的需求，其内在机制在于"用手投票"机制和"以脚投票"机制。但从我国国情出发，中国财政分权兼具政治集权下的财政分权和缺乏"以脚投票"机制的财政分权两大特色。这种分权特色决定了地方政府财政社会保障支出仍然处于较为典型的中央主导型，中央政府对于地方政府社会保障建设的考核重视直接决定了地方政府的重视程度。同时，在缺乏"用手投票"直接机制和"以脚投票"间接机制的治理方式下，地方民众对于社会保障建设的诉求更多需要通过中央政府传递给地方政府，地方民众在地方政府社会保障治理中难以居于主导地位。

财政社会保障支出分权构建出中央政府与地方政府社会保障支出的边界。财政社会保障支出分权指标的建立意在反映财政社会保障支出分权程度。为了体现全面的分权状况，本书构建了总量指标、人均指标和省内指标等三级指标。分析表明，我国财政社会保障支出分权不论按照哪种统计口径都呈现出地方分权奇高的状况，远高于同期财政分权水平。

这种分权状况体现出地方政府的社会保障支出责任过大,一定程度上影响了地方政府开展社会保障事务的积极性,造成地方政府对于社会保障转移支付很高的依赖度;也会加大社会保障权益地方割据,同时现有的分权体制对于相关社会保障制度的改革有一定的抑制作用。我国社会保障政府间事权划分不清是财政社会保障分权过高的原因所在。社会保障政府间事权划分一直处于模糊、无序、一事一议的状态。因此,改革和规范政府间社会保障事权划分是当前社会保障相关制度建设中的重点环节。

2016年政府间事权改革加速,2018年推出了基本公共服务领域中央与地方共同财政事权改革清单。城乡居民基本养老保险、城乡居民基本医疗保险、基本生活救助等六项社会保障事权被囊括在内,虽然在地区划分方式、政府补贴标准等方面都有了变革,但仍然有模糊处理之处。我国当前的中央政府和地方政府社会保障事权划分存在很多不合理之处,考虑到地方政府承担事权过多、支出责任过大的情况,应在科学评估外部性、激励相容和信息处理复杂性的原则基础上,兼顾我国分权的特性,将政府间社会保障事权重新划分。将一部分社会保障事权尤其是外部性较强、信息复杂程度较低并且有助于激励相容的事权适当上移,提高中央政府在相关社会保障项目中直接支出的责任。合理划分地方政府在财政社会保障支出的比重,并且通过重新构建地方政府新的主税种,稳定地方政府的财源,提高地方政府的公共产品供给能力,适当降低地方政府对社会保障转移支付普遍较高的依赖度,从而有助于社会保障制度全覆盖和可持续的实现。

第五,财政社会保障支付风险也是影响社会保障制度可持续性的重要因素。

在当前状态下,财政社会保障支付风险受多重因素的影响。宏观因素方面,经济新常态会影响财政收入的增长态势,而经济结构性改革会进一步加大财政社会保障支出的供求矛盾。社会保障制度建设对于防范财政社会保障支出风险有积极意义。就社会保障财政投入而言，其良性发展一定要谋求制度融合。既不能强调财政压力而忽视对社会保障制度的支持，也不能一味强调财政兜底而忽视社会保障制度优化，要置于国家治理体系建设和社会发展长治久安的大方向下，协同发展。

同时，社会保障基金建设对于防范制度风险有着非常重要的作用。全国社会保障基金于 2000 年 8 月设立，是国家社会保障储备基金，由中央财政预算拨款、国有资本划转、基金投资收益和国务院批准的其他方式筹集的资金构成，专门用于人口老龄化高峰时期的养老保险等社会保障支出的补充、调剂，由全国社会保障基金理事会（简称"社保基金会"）负责管理运营。2017 年国务院正式公布了《划转部分国有资本充实社保基金实施方案》，划转国有资本充实社会保障基金能充分体现代际公平和国有企业发展成果全民共享，实现共建共治共享。同时，划转国有资本充实社会保障基金能稳定基金的支付能力并降低财政社会保障支付风险。但是，作为战略储备的全国社会保障基金，在制度架构等诸多方面仍需进行顶层设计，防止制度缺失影响到战略储备防范风险功效的发挥，比如基金投资管理、基金总体规模、启动日期的规划，等等。

此外，还应在社会保障内部不同项目间建立财政支出的优先顺序，以提高资金的使用效率，降低社会保障财政支出的结构性风险。同时，控制好政府尤其是地方政府的债务水平，以防止因为大量的地方政府债务没有得到有效控制而引起局部性甚至更大范围的财政支付风险。

总而言之，为了防范财政社会保障支付风险，应从以下方面入手。首先，坚守经济发展和社会保障建设共容的理念。其次，必须对财政社会保障支出进行供给侧改革，从而在财政支出总规模相对稳定的情况下保证财政社会保障支出适当增长。再次，要完善全国社会保障基金的战略规划，合理构建划转国有资本充实社会保障基金的整体安排和布局。最后，要完善社会保障精算和社会保障预算制度，使得社会保障支付风险的防范有更加理性和精准的手段和工具。

参考文献

一　中文著作

［1］E. 多马. 经济增长理论［M］. 北京: 商务印书馆, 1983.

［2］OECD. 中国公共支出面临的挑战: 通向更有效和公平之路［M］. 北京: 清华大学出版社, 2006.

［3］程光泉主编. 全球化理论谱系［M］. 长沙: 湖南人民出版社, 2002.

［4］邓小平. 邓小平文选（第二卷）［M］. 北京: 人民出版社, 1994.

［5］佛朗哥·莫迪利亚尼、阿伦·莫拉利达尔著, 孙亚南译. 养老金改革反思［M］. 北京: 中国人民大学出版社, 2013.

［6］国家统计局国民经济综合统计司. 新中国五十年统计资料汇编［M］. 北京: 中国统计出版社, 1999.

［7］国际劳工组织社会保障司编著. 社会保障导论［M］. 北京: 劳动人事出版社, 1989.

［8］高培勇. 财税体制改革与国家治理现代化［M］. 北京: 社会科学文献出版社, 2014.

［9］高培勇主编. 中国财政经济理论前沿（4）［M］. 北京: 社会科学文献出版社, 2005.

［10］哈维·S. 罗森. 财政学（第7版）［M］. 北京：中国人民大学出版社, 2006.

［11］何畦、阎坤. 中国财政支出结构改革［M］. 北京：社会科学文献出版社, 2000.

［12］考斯塔·艾斯平－安德森著, 郑秉文译. 福利资本主义的三个世界［M］. 北京：法律出版社, 2003.

［13］柯卉兵. 分裂与整合［M］. 北京：中国社会科学出版社, 2010.

［14］李宏. 中国延迟退休年龄问题研究［M］. 北京：中国言实出版社, 2015.

［15］李萍. 中国政府间财政关系图解［M］. 北京：中国财政经济出版社, 2006.

［16］李培林. 社会改革与社会治理［M］. 北京：社会科学文献出版社, 2014.

［17］李齐云. 建立健全与事权相匹配的财税体制研究［M］. 北京：中国财政经济出版社, 2013.

［18］李绍光. 深化社会保障改革的经济学分析［M］. 北京：中国人民大学出版社, 2006.

［19］林治芬. 社会保障统计——国际比较与中国建构［M］. 北京：经济科学出版社, 2012.

［20］楼继伟. 中国政府间财政关系再思考［M］. 北京：中国财政经济出版社, 2013.

［21］罗纳德·哈里·科斯、王宁. 变革中国［M］. 北京：中信出版社, 2013.

［22］罗伊·哈罗德. 动态经济学［M］. 北京：商务印书馆, 1981.

［23］马海涛. 中国分税制改革20周年：回顾与展望［M］. 北京：经济科学出版社, 2014.

［24］穆怀中. 社会保障国际比较［M］. 北京：中国劳动社会保障出版社，2007.

［25］潘锦棠. 社会保障学［M］. 大连：东北财经大学出版社，2010.

［26］仇雨临、翟绍果. 城乡医疗保障制度统筹发展研究［M］. 北京：中国经济出版社，2011.

［27］托马斯·潘恩. 常识［M］. 南京：译林出版社，2015.

［28］王军. 中国转型期公共财政［M］. 北京：人民出版社，2006.

［29］王立军. 中国养老保险缺口财政支付能力研究［M］. 北京：经济科学出版社，2008.

［30］王延中. 中国社会保障发展报告：社会保障与收入再分配［M］. 北京：社会科学文献出版社，2012.

［31］汪泽英、何平. 建立覆盖城乡居民社会保障体系［M］. 北京：中国劳动社会保障出版社，2010.

［32］熊培云. 重新发现社会［M］. 北京：新星出版社，2010.

［33］约翰·罗尔斯著，何怀宏等译. 正义论（修订版）［M］. 北京：中国社会科学出版社，2009.

［34］叶托. 中国地方政府行为选择研究——基于制度逻辑的分析框架［M］. 广州：广东人民出版社，2014.

［35］杨红燕. 财政社会保障支出：结构、公平与影响［M］. 武汉：武汉大学出版社，2014.

［36］杨之刚等. 财政分权理论与基层公共财政改革［M］. 北京：经济科学出版社，2006.

［37］杨志勇、杨之刚. 中国财政制度改革30年［M］. 上海：上海人民出版社，2008.

［38］邹恒甫. 宏观，财政，金融，增长（第一卷）［M］. 上海：东方出版社，2013.

[39] 朱青. 中国社会保障制度完善与财政支出结构优化研究［M］. 北京：中国人民大学出版社，2010.

[40] 郑秉文主编. 中国养老金发展报告 2014［M］. 北京：经济管理出版社，2014.

[41] 郑功成. 中国社会保障制度变迁与评估［M］. 北京：中国人民大学出版社，2002.

[42] 郑功成. 中国社会保障改革 30 年［M］. 北京：人民出版社，2008.

[43] 郑功成. 中国社会保障改革与发展战略——理念、目标与行为方案［M］. 北京：人民出版社，2008.

[44] 郑功成. 社会保障学——理念、制度、实践与思辨［M］. 北京：商务出版社，2009.

[45] 詹姆斯·M. 布坎南、理查德·A. 马斯格雷夫. 公共财政与公共选择［M］. 北京：中国财政经济出版社，2000.

[46] 张光. 为分税制辩护［M］. 北京：中国社会科学出版社，2013.

[47] 张馨. 比较财政学教程［M］. 北京：中国人民大学出版社，1997.

[48] 周雪光主编. 国家建设与政府行为［M］. 北京：中国社会科学出版社，2012.

二　中文期刊论文

[1] 巴曙松、孔颜、吴博. 我国社会保障财政支出地区差异性的聚类分析［J］. 华南理工大学学报，2013（5）.

[2] 曹永森. 全球化视野下的中国社会保障制度的改革与选择［J］. 行政论坛，2005（2）.

[3] 陈官灿. 中国农村社会保障水平的区域比较分析［J］. 浙江统

计，2009（1）.

［4］陈硕、高琳. 央地关系：财政分权度量及作用机制再评估［J］. 管理世界，2012（6）.

［5］邓群钊. 江西省社会保障水平影响因素及其经济效应［J］. 南昌大学学报，2013（2）.

［6］丁建定、杨泽. 论西欧社会保障制度的三个体系［J］. 社会保障研究，2013（1）.

［7］董克用、王丹. 欧盟社会保障制度国家间协调机制及其启示［J］. 经济社会体制比较，2008（4）.

［8］付敏杰. 分税制二十年：演进脉络与改革方向［J］. 社会学研究，2016（5）.

［9］傅勇. 财政分权、政府治理与非经济性公共物品提供［J］. 经济研究 . 2010（8）.

［10］顾昕、孟天广. 中国社会政策支出的增长与公共财政的结构性转型［J］. 广东社会科学，2015（6）.

［11］顾昕. 中国福利国家的重建：增进市场、激活社会、创新政府［J］. 中国公共政策评论，2017（12）.

［12］顾昕. 中国社会政策支出的筹资模式：收入结构的公平程度与激励效应［J］. 河北经贸大学学报，2016（3）.

［13］关信平. 论我国社会保障制度一体化建设的意义及相关政策［J］. 东岳论丛，2011（5）.

［14］韩克庆. 经济全球化与中国社会保障制度的构建［J］. 广东社会科学，2005（2）.

［15］何平、李实、王延中. 中国发展型社会福利体系的公共财政支持研究［J］. 财政研究，2009（6）.

［16］胡鞍钢、马伟. 现代中国经济社会转型：从二元结构到四元结

构 [J]. 清华大学学报，2012（1）.

[17] 胡鞍钢、杨竺松、鄢一."十三五"时期我国社会保障的趋势与任务 [J]. 中共中央党校学报，2015（1）.

[18] 贾康、杨良初. 可持续养老保险体制的财政条件 [J]. 社会保障制度，2001（10）.

[19] 贾康. 财政职能及平衡原理的再认识 [J]. 财政研究，1998（7）.

[20] 蒋洪. 论财政学中的国家观 [J]. 当代财经，2000（2）.

[21] 金刚. 全国社会保障基金发展的问题与展望 [J]. 社会保障研究，2009（9）.

[22] 柯卉兵、李静. 论社会保障转移支付制度的理论依据 [J]. 中州学刊，2013（7）.

[23] 柯卉兵. 中国社会保障支出的地区差异分析 [J]. 公共管理学报，2009（1）.

[24] 寇铁军、崔惠玉. 社会保障的产品属性探析 [J]. 财经问题研究，2000（11）.

[25] 李江涛. 日本政府间财政关系与转移支付制度及其对我国的借鉴意义 [J]. 经济研究参考，2011（41）.

[26] 李强. 试分析国家政策影响社会分层结构的具体机制 [J]. 社会，2008（3）.

[27] 李文军. 中国财政支出结构演变与转型研究 [J]. 社会科学，2013（8）.

[28] 李雪萍. 基本公共服务均等化的区域对比与城乡对比——以社会保障为例 [J]. 华中师范大学学报，2008（3）.

[29] 李珍、柯卉兵. 美国政府间社会福利权责划分及其转移支付 [J]. 经济体制改革，2007（5）.

［30］林治芬、孙王军. 政府社会保障财政责任度量与比较［J］. 财政研究，2012（2）.

［31］林治芬. 中央和地方养老保险事责划分与财力匹配研究［J］. 当代财经，2015（10）.

［32］林治芬. 中央与地方社会保障事责划分与财力匹配［J］. 财政研究，2014（3）.

［33］刘尚希. 财政与国家治理：基于三个维度的认识［J］. 新华文摘，2015（19）.

［34］刘尚希. 基于国家治理的财政改革新思维［J］. 地方财政研究，2014（1）.

［35］刘尚希等. 明晰支出责任：完善财政体制的一个切入点［J］. 经济研究参考，2012（40）.

［36］马海涛、任强、程岚. 我国中央和地方财力分配的合意性：基于"事权"与"事责"角度的分析［J］. 财政研究，2013（4）.

［37］马克继、米红. 推进残疾人社会保障事业发展的财政保障机制研究［J］. 改革与战略，2009（10）.

［38］穆怀中. 社会保障水平发展曲线研究［J］. 人口研究，2003（2）.

［39］倪红日. 基本公共服务均等化与财政管理体制改革研究［J］. 管理世界，2012（9）.

［40］潘锦棠、张燕. 社会保障中的平等公平效率［J］. 国家行政学院学报，2015（6）.

［41］庞凤喜. 财政分权与地方政府社会保障支出［J］. 财贸经济，2012（2）.

［42］彭宅文. 分权、地方政府竞争与社会保障改革［J］. 公共行政

评论，2011（1）．

［43］平新乔、白洁．中国财政分权与地方公共品的供给［J］．财贸经济，2006（2）．

［44］乔宝云、范剑勇、冯兴元．中国的财政分权与小学义务教育［J］．中国社会科学，2005（6）．

［45］施世竣．社会保障的地域化：中国社会公民权的空间政治转型［J］．台湾社会学，2009（18）．

［46］王绍光．健全的制度设计：正确处理中央地方合作关系的关键［J］．国际经济评论，1997（1）．

［47］王小君．中国社会保障的财政风险及其防范［J］．西南民族大学学报，2005（3）．

［48］王晓洁、王丽．财政分权、城镇化与城乡居民养老保险全覆盖——基于中国2009－2012年省级面板数据的分析［J］．财贸经济，2015（11）．

［49］王延中、龙其玉．改革开放以来中国政府社会保障支出分析［J］．财贸经济，2011（2）．

［50］吴敬琏．国有股减持要解决的问题［J］．财经，2002（1）．

［51］徐倩、李放．我国财政社会保障支出的差异与结构：1998～2009年［J］．改革，2012（2）．

［52］杨红燕、陈天红．社会保障财政支付风险的多角度分析与全方位应对［J］．华中科技大学学报（社会科学版），2011（4）．

［53］杨志勇．中央和地方事权划分思路的转变：历史与比较的视角［J］．财政研究，2016（9）．

［54］余永定．供给侧结构性改革不是大杂烩［J］．财经，2016（16）．

［55］郁建兴、何子英．走向社会政策时代：从发展主义到发展型社

会政策体系建设 [J]．社会科学，2010 (7)．

[56] 岳经纶．建构"社会中国"：中国社会政策的发展与挑战 [J]．探索与争鸣，2010 (10)．

[57] 张光．测量中国财政分权 [J]．经济社会体制比较，2011 (6)．

[58] 张光．中国政府间财政关系的演变 (1949 – 2009) [J]．公共行政评论，2009 (12)．

[59] 张平、陶纪坤．中国社会保障制度地区差异对地区收入差距影响的实证分析 [J]．兰州学刊，2008 (2)．

[60] 张馨．公共产品论之发展沿革 [J]．财政研究，1995 (3)．

[61] 张馨．社会保障收支是公共财政的组成部分 [J]．财会论坛，2000 (4)．

[62] 张晏、龚六堂．分税制改革、财政分权与中国经济增长 [J]．经济学 (季刊)，2005 (10)．

[63] 赵志耘、郭庆旺．论中国财政分权程度 [J]．涉外税务，2005 (11)．

[64] 郑秉文．供给侧：降费对社会保险结构性改革的意义 [J]．中国人口科学，2016 (3)．

[65] 郑功成．单靠增量改革已过时，现在必须有魄力调整利益格局 [J]．中国慈善家，2016 (5)．

[66] 郑杭生．社会公平与社会分层 [J]．江苏社会科学，2001 (3)．

[67] 中国经济增长与宏观稳定课题组．增长失衡与政府责任——基于社会性支出角度的分析 [J]．经济研究，2006 (10)．

[68] 周黎安．中国地方官员的晋升锦标赛模式研究 [J]．经济研究，2007 (7)．

[69] 周业安、宋紫峰．公共产品的自愿供给机制 [J]．经济研究，2008 (7)．

［70］朱玲．中国社会保障体系的公平性与可持续性研究［J］．中国人口科学，2010（5）．

三　硕博论文

［1］布莱玛·朱力．塞拉利昂养老保障适度水平研究［D］．辽宁大学博士论文，2011．

［2］李博文．我国社会保障转移支付研究［D］．中共中央党校博士论文，2015．

［3］欧阳琼．中国社会保障地区差异研究［D］．中国矿业大学博士论文，2012．

［4］上官厚兵．福利经济学述评［D］．吉林大学硕士论文，2006．

［5］张国栋．社会保障政府责任分置研究［D］．中国农业大学博士论文，2016．

四　中文报纸

［1］楼继伟．建立更加公平更可持续的社会保障制度［N］．人民日报，2015-12-17．

［2］施成杰、侯永志．深入认识以人民为中心的发展思想［N］．人民日报，2017-6-22．

［3］尹蔚民．建立更加公平可持续的社会保障制度［N］．人民日报，2013-12-20．

［4］郑功成在中国社会保障学会"社会保障制度与国家治理现代化"理论务虚会上的报告，北京，2017-3-26．

五　中文网络文章

［1］国有股减持　一波三折．和讯网，http://news.hexun.com/2008-

11 – 17/111299707. html.

［2］李克强在中国工会第十六次全国代表大会上的经济形势报告
［EB/OB］. 人民网，http://cpc. people. com. cn/n/2013/1104/c640
94 – 23421964 – 3. html.

［3］刘尚希. 政府间事权界定需要新思路. 人民网，http://theory. peo-
ple. com. cn/GB/11624487. html.

［4］盛洪. 没有约束的财政支出是宏观税率攀升的主要动因. FT 中文
网，2017 – 2 – 7.

［5］习近平等十八届中共中央政治局常委同中外记者见面. 新华网，
http://news. xinhuanet. com/18cpcnc/2012 – 11/15/c_113697411. htm.

［6］徐湘林. "国家治理"的理论内涵. 人民网，2014 – 4 – 1. http://
theory. people. com. cn/n/2014/0401/c40531 – 24796875. html.

六 英文文献（著作、期刊和报纸）

［1］A. B. Atkinson. Is the Welfare State Necessarily an Obstacle to Eco-
nomic Growth ［J］. European Economic Review, Vol. 39, Issue 3 – 4
(1995): 723 – 730.

［2］Agarwala Ramgopal. China: Reforming Intergovenmental Fiscal Rela-
tions. Discussion Paper No. 178. The World Bank, 1992.

［3］Alan Smart, Josephine Smart. Local Citizenship: Welfare Reform Ur-
ban/Rural Status, and Exclusion in China ［J］. Environment and
Planning A, 2001, 33 (10): 1853 – 1869.

［4］Albert Breton. A Theory of Government Grants ［J］. Canadian Journal
of Economics and Political Science, 31, 5 (1965): 175 – 187.

［5］Bob Hancke. Debating Varieties of Capitalism: A Reader ［M］. Ox-
ford and New York: Oxford University Press, 2009.

［6］ B. L. Bentick. The Impact of Taxation and Valuation Practices on the Timing and Efficiency of Land Use ［J］. Journal of Political Economy, Vol. 87, No. 4, Aug. 1979.

［7］ Charles Tiebout. A Pure Theory of Local Expenditures ［J］. Journal of Political Economy, Vol. 64 （5）, 1956: 416 － 424;

［8］ Developing Countries: Short-and Medium-term Response. http://mpra. ub. uni-muenchen. de/12254/1/MPRA_ paper_ 12254. pdf.

［9］ Edward Gu David Kelly. Balancing Economic and Social Development: China's New Policy Initiatives For Combating Social Injustice. in Samir Radwan and Manuel Riesco （eds. ）, The Changing Role of the State ［M］. Cairo: The Economic Research Forum, 2007: 201 － 224.

［10］ Gesta Esping-Anderson. The Three Worlds of Welfare Capitalism. Princeton ［M］. Princeton University Press, 1990.

［11］ Jacques H. Dreze, Edmond Malinvaud. Growth and Employment: The Scope for a European Initiative ［J］. European Economic Review, Vol. 38. Issue3 － 4 （1994）: 489 － 504.

［12］ James Midgley. Developmental Social Policy: Theory and Practice ［J］. Asian Journal of Social Policy, Vol. 2, Issue 1 （2006）: 1 － 22.

［13］ Jin Hehui, Yingyi Qian, and Barry R. Weingast. Regional Decentralization and Fiscal Incentives: Federalism, Chinese Style ［J］. Journal of Public Economics, 2005.

［14］ John Friedmann. Regional Development Policy: A Case Study of Venezuela ［M］. Cambridge: MIT Press, 1966.

［15］ John. Friedmann. Four Theses in the Study of China's Urbanization ［J］. International Journal of Urban and Regional Research, 2006 （6）.

[16] Kee S. Goudswaard, Bart van Riel. Social Protection in Europe: Do We Need More Coordination? [J]. Social Science Electronic Publishing, 2004, 20 (3): 236 – 248.

[17] Ludwig von Mises, Socialism: An Economic and Sociological Analysis [M]. 2nd edition. New Haven: Yale University Press, 2010.

[18] Martin Feldstein. Social Security, Induced Retirement, and Aggregate Capital Accumulation [J]. Journal of Political Economy, 1974, 82 (5).

[19] Martin Ravallion. Decentralizing Eligibility for a Federal Antipoverty Program: A Case for China [J]. The World Bank Economic Review, 2009, Vol. 23, No. 1: 1 – 30.

[20] Nobuo Akai Masayo Sakata. Fiscal Decentralization Contributes to Economic Growth: Evidence from State-level Cross-section Data for the United States [J]. Journal of Urban Economics, Vol. 52, 2002.

[21] Paul Pierson (ed.). The New Politics of the Welfare State [M]. New York: Oxford University Press, 2001.

[22] Peter A. Diamond and Peter R. Orszag. Saving Social Security [J]. The Journal of Economic Perspectives. Vol. 19, No. 2, 2005: 11 – 32.

[23] Peter H. Lindert. Growing Public: Social Spending and Economic Growth since the Eighteenth Century [M]. Vol. I-II. New York: Cambridge University Press, 2004.

[24] R. A. Musgrave. A Reappraisal of Financing Social Security. In Social Security Financing [M]. ed. F. Skidmore. Cambridge: MIT Press, 1981: 89 – 129.

[25] R. A. Musgrave. The Theory of Public Finance [M]. New York, McGraw-Hill, 1959.

[26] R. St. J. Macdonald. Solidarity in the Practice and Discourse of Public International Law [J]. Pace International Law Review Vol. 8, Issne 2 (1996).

[27] Shaista Alam, Abiba Sultana, Mohammad S. Butt. Does Social Expenditures Promote Economic Growth? A Multivariate Panel Cointegration Analysis for Asian Countries [J]. European Journal of Social Sciences, 2010.

[28] Shroder M. Games. The States Don't Play: Welfare Benefits and the Theory of Fiscal Federalism [J]. The Review of Economics and Statistics. 1995.

[29] T. Besley. Property Rights and Investment Incentives: Theory and Evidence from Ghana [J]. Journal of Political Economy, 1995.

[30] W. E. Oates. An Essay on Fiscal Federalism [J]. Journal of Economic Literature, 1999. 37 (3): 1120 – 1149.

[31] W. E. Oates. Fiscal Federalism [M]. New York: Harcourt Brace Jovanovich, 1972.

[32] Zou Hen-fu. The Growth Impact of Intersectoral and Intergovernmental Allocation of Public Expenditure: With Application to China and India [J]. China Economic Review, 2001. Vol. 12.

后　记

　　财政社会保障支出是本人主要的研究方向之一，本书是本人一段时间以来关于财政社会保障支出相关问题思考的总结和汇报，它是在本人博士论文的基础上修改、完善而成。

　　在本书付梓之际，本人对于在书稿完成过程中予以帮助的所有人表示最诚挚的感谢！

　　首先感谢我的导师潘锦棠教授！本人是经济学教育背景，跨一级学科攻读社会保障博士进行交叉学科研究，因此在我整个博士学位攻读过程中，从文献的研读、课程的学习，一直到论文选题方向的调整、确定，论文撰写和修改，潘老师倾注了很多的心血和精力。在我博士论文选题徘徊和纠结之时，也是导师坚定了我选择该选题作为毕业论文的决心。于我而言，潘老师就像林语堂先生所言有八味心境的文人雅士，严谨、专注地对待学术，平和、豁达地对待生活。潘老师在学术道路上的引领和人生道路上的启迪将使我受益终生。

　　感谢劳动人事学院的各位领导和老师对我学业、工作和生活上的帮助！感谢在论文的开题、匿名评审和答辩过程中，仇雨临教授、杨伟国教授、韩克庆教授、郑功成教授、褚福灵教授、薛在兴教授、吕学静教授、王延中研究员、孙树菡教授以及五位匿名评审专家对我的博士论文给予的宝贵的、中肯和全面的意见和建议，对我论文的修改和完善有极大的帮助，并且使本人在财政社会保障支出相关后续研究中也受益良多。

感谢我的工作单位——中国劳动关系学院领导和同事在我读博期间给予的关心和帮助，并为本书的出版给予支持！

感谢同届和同门的兄弟姐妹们给予的帮助和鼓励！友谊万岁！情谊天长地久！

感谢社会科学文献出版社的高明秀老师，她为本书的出版付出了许多心血，而且提出了许多宝贵建议！

感谢我的家人！对于父母而言，我每次的进步都是他们的骄傲。感谢我的爱人，从始至终都给予我莫大的支持！感谢我的孩子，她有时无心的一句"妈妈，加油"于我都是进步的助力，我愿和孩子一起共同成长。

最后要感谢那段岁月！在博士研读期间，学业、工作和家庭诸多事务杂乱，有时心力交瘁，但现在想来一切都是值得的，人生又多一段美好的岁月可以回首。

张　燕

2019 年 9 月

图书在版编目（CIP）数据

中国财政社会保障支出及其分权研究／张燕著．--
北京：社会科学文献出版社，2020.9
（中国劳动关系学院学术论丛）
ISBN 978 - 7 - 5201 - 7029 - 1

Ⅰ．①中… Ⅱ．①张… Ⅲ．①社会保障 -财政支出 -
研究 -中国 Ⅳ．①F812.45

中国版本图书馆 CIP 数据核字（2020）第 139113 号

中国劳动关系学院学术论丛
中国财政社会保障支出及其分权研究

著　　者／张　燕

出　版　人／谢寿光
责任编辑／高明秀
文稿编辑／崔秀梅

出　　　版／社会科学文献出版社（010）59367200
　　　　　　地址：北京市北三环中路甲 29 号院华龙大厦　邮编：100029
　　　　　　网址：www. ssap. com. cn
发　　　行／市场营销中心（010）59367081　59367083
印　　　装／三河市龙林印务有限公司

规　　　格／开　本：787mm × 1092mm　1/16
　　　　　　印　张：14.5　字　数：188 千字
版　　　次／2020 年 9 月第 1 版　2020 年 9 月第 1 次印刷
书　　　号／ISBN 978 - 7 - 5201 - 7029 - 1
定　　　价／79.00 元

本书如有印装质量问题，请与读者服务中心（010 - 59367028）联系